Martha Meyr
Dr. 2005

EDITION **MODERNE KOREANISCHE** AUTOREN

Edition moderne koreanische Autoren
Herausgegeben von Chong Heyong und Günther Butkus

AHN Sohyun / Heidi Kang (Hg.)

Ein ganz einfaches gepunktetes Kleid

Moderne Erzählungen koreanischer Frauen

Koreanische Erzählungen Band 3

Übersetzt und mit einem Nachwort versehen
von Heidi Kang und AHN Sohyun

PENDRAGON

Inhalt

Jon Kyongnin: Ein ganz einfaches gepunktetes Kleid   7

Kong Sonok: Die allein stehende Mutter   25

Un Hikyong: Die Schachteln meiner Frau   47

Ha Songnan: Schimmelblumen   77

Jo Kyung Ran: Das französische Brillengeschäft   99

Kim Kyong-He: Das kostbare Erbstück   117

Bae Su-Ah: Ein Rudel schwarzer Wölfe   139

Yun Songhi: Gedenktage im Terminkalender   163

Nachwort von Heidi Kang und AHN Sohyun   179

Jon Kyongnin

Ein ganz einfaches gepunktetes Kleid

Jede Frau hat irgendwann einmal ein gepunktetes Kleid besessen, und auch jeder Mann hatte irgendwann einmal eine Freundin mit einem gepunkteten Kleid. In der Vorstellung verbindet sich ein solches Kleid mit dem Reiz der Weiblichkeit, mit Puder, Wimperntusche und Stöckelabsätzen. Es ruft nebelhaft Illusionen, Träume, Missverständnisse und Erinnerungen bezüglich des Weiblichen hervor, die sich nicht nur von der Mutter auf die Tochter und auf deren Tochter übertragen, sondern das eigene Leben bestimmen. Gepunktete Kleider ähneln sich in vieler Hinsicht, sind aber doch verschieden. Mein Kleid war aus leichtem weißem Baumwollstoff mit kaum sichtbaren Längsstreifen aus Glitzergarn und hatte mittelgroße, nicht zu dicht gestreute schwarze Punkte. Der runde Ausschnitt war schwarz eingefasst, die Ärmel griffen wie Blütenblätter übereinander und öffneten sich leicht. Es war bis zu den Hüften gerade geschnitten, weder eng noch weit, und die vielen Falten des Rockes gaben dem luftigen Sommerkleid seinen Schick. Trotz der Bemühung um Schlichtheit der unerfahrenen Schneiderin hatte ihr Werk etwas Gewagtes.
Ich trug dieses Kleid genau zwölf Jahre. Für mich ist das nichts Besonderes. Denn seit meinem sechzehnten Lebensjahr bin ich nur acht Millimeter gewachsen, und meine Figur hat sich kaum geändert. Außerdem trage ich gern meine alten Sachen, und ein Kleid zieht man ja nicht so häufig an. Ich hatte dieses gepunktete Kleid nicht selbst gewählt; es war mir aufgezwungen worden. Es wirkte schlicht, aber bei raschem Umwenden oder beim Aufstehen verzog sich die Form, auf der Treppe wippte es beim Hinuntergehen im Rhythmus der Schritte und bei einem plötzlichen Windstoß breiteten sich die Falten aus, so dass es dann weder simpel noch unauffällig war, sondern seine gewagte und aufreizende Seite zeigte.

Mein Vetter heiratete schon mit zwanzig. Die Nachricht erschütterte mich. Als Grund für die frühe Heirat wurde angegeben, dass er als einziger Sohn der den Klan vertretenden Familie vom Militärdienst befreit werden wollte. Als Kind hatte ich erklärt, ich würde den Vetter heiraten, wie meine Mutter den Vater und meine Tante den Onkel geheiratet hatten. Die Erwachsenen lachten mich einfach aus. Ich konnte nicht verstehen, wieso sie das komisch fanden. Sie hatten doch auch die ihnen am nächsten stehenden Menschen geheiratet.

Ich wurde im Haus meines Onkels geboren. Mein Vater zog dort erst aus, als ich acht Jahre alt war. Mein Vetter freute sich auf meine Geburt, denn er langweilte sich als einziges Kind unter all den Erwachsenen. Von Anfang an standen wir uns sehr nahe. Schon als Kind nahm er eine Sonderstellung ein. Bei Familienfeiern, wo es viel Arbeit gab, konnte ich dank seiner Protektion mit ihm auf der Veranda Märchenbücher lesen, ohne zur Mithilfe aufgefordert zu werden. Gemeinsam plünderten wir die volle Vorratskammer und in der prallen Mittagssonne hingen wir mit den Knien am Reck und schauten in den Sommerhimmel. Er war es auch, der mir als erstes männliches Wesen sagte, dass ich hübsch sei. Als ich erst sechs Jahre alt war, stellte er fest: "Du bist die Schönste im ganzen Dorf."

Als Kind war ich schwächlich und litt oft unter Nasenbluten. Dann nahm er meinen Kopf, legte ihn zurück und stopfte vorsichtig die Nasenlöcher mit Papierröllchen zu. Das Blut floss mir in die trockene Kehle, und ich kuschelte mich an ihn wie eine Sterbende. Am Wasserhahn im Hof wusch er mir das Gesicht. Im Winter legte er mich auf der Veranda in die Sonne, im Sommer bettete er mich auf eine Bank unter den Weinreben. Er blieb bei mir, bis das Nasenbluten gestillt war. Manchmal hob er meinen Rock hoch, um die Farbe meiner Unterhose festzustellen, säuberte meinen Bauchnabel und steckte mir den Finger tief in den Mund. Dann floss mir das Blut in die Kehle, und ich hatte Blutgeschmack im Mund.

Einmal – und tatsächlich nur ein einziges Mal – legte er sich auf mich, und es kam mir vor, als würde ich sein Gewicht mein Leben lang spüren. Dann sagte er: "Wenn du Nasenbluten hast, habe ich immer Angst, du könntest sterben." Ich war gerade sieben Jahre alt, aber mir scheint, ich habe damals schon alles gewusst. Ich schluckte das Blut herunter und wäre am liebsten so gestorben.

Für einen Jungen vom Land hatte er eine sehr helle Hautfarbe, war schnell gewachsen, spielte gut Fußball, konnte englische Wörter korrekt buchstabieren und war gut in Mathematik und Naturwissenschaften. Später dann kam er auf eine gute Oberschule in der Stadt, für die nur die besten Schüler die Aufnahmeprüfung bestehen konnten, und dann auf eine Eliteuniversität. Ich habe nie Zweifel daran gehabt, dass er der Mann meines Lebens war. Denn er hatte schon vor meiner Geburt auf mich gewartet und kam in den Ferien geradewegs zu mir, die ich mich ohne ihn unbedeutend wie ein Staubkorn vorkam. Er war es auch, der mir aus der fernen Stadt Bücher wie „Jane Eyre", „Mitten im Leben", „Wuthering Heights" und einen goldfarbenen Globus mitbrachte. Von ihm lernte ich auch, was schön und wertvoll ist, und es lächelnd nur zu betrachten. Ich hatte mich an das Lächeln, das er mir schenkte, gewöhnt. Aber er heiratete überraschend mit zwanzig Jahren, weil er sich vielleicht davor fürchtete, dass ich erwachsen wurde, und fliehen wollte.

Von der Familie der Braut, die eine Brauerei betrieb, bekamen meine Schwester und ich Stoffe aus goldgelber und grüner Spitze geschenkt. Daraus sollten wir uns bei der Schneiderin des Ortes Kleider für die Hochzeit nähen lassen. Mit der Mutter hatte ich verabredet, dass ich an jenem Samstag schnell nach Hause zurückkommen würde, um mit ihr gemeinsam zur Schneiderin zu gehen. Ich kam aber erst nach Einbruch der Dunkelheit und behauptete, den Zug verpasst zu haben. Trotz mehrmaliger Aufforderung ging ich weder am nächsten Tag noch in der folgenden Woche zur Schneiderin. Bei den Mahlzeiten konnte ich fast keinen Bissen essen, sprach auch kaum und begann bei dem geringsten Anlass zu weinen.

Meine Mutter konnte das schließlich nicht mehr mit ansehen und verlangte beim Abendessen, den Grund zu erfahren. Sie meinte, dass ich der Familie irgendetwas verheimlichte. Als ich keine Antwort gab, schlug sie mir mit der flachen Hand auf den Rücken. „Heute kommst du mir nicht davon. So red` schon!" Seit der Pubertät war es das erste Mal, dass sie mich schlug. Der Vater hätte mir beistehen und Mutter dafür tadeln sollen. Sein ärgerlicher Blick jedoch forderte mich ebenfalls zum Sprechen auf.

Meine Tränen tropften auf den Tisch. Ich wusste schon, was es mit dem Wort Inzest auf sich hatte. Ich wusste auch, dass dieses bedeutungsschwere Wort schreckliche Folgen für mich haben würde. Wenn die Situation sich noch weiter zuspitzte, würde ich mich nicht mehr herausreden können. Ich beeilte mich also, entrüstet zu erklären, der Stoff gefalle mir nicht, ein solches Kleid könne ich nicht anziehen, niemand trage heutzutage Kleider aus grüner Spitze. Gleich nach dem Essen zwang mich die Mutter, mit ihr das einzige Modegeschäft des Ortes aufzusuchen. Daher stammte das gepunktete Kleid. Es gab nur dies eine. Erst am folgenden Tag würden neue geliefert. In meinem Kummer war mir ohnehin alles gleichgültig, und meine Mutter kaufte ohne weitere Umstände das einzige dort erhältliche Kleid.

An die Hochzeit habe ich nur verworrene Erinnerungen. Die Frauen trugen rosa oder hellblaue Trachten, die Männer neue, noch nach Appretur riechende Anzüge, in denen sie schwitzten. Ich kam mir eingesperrt vor wie in einem engen Stoffladen. Bei der Trauung standen die Gäste dicht gedrängt. Die Braut, eine junge Studentin, trug über dem hochgesteckten Haar einen langen Schleier. Trotz der Hitze schwitzte sie gar nicht und war so schön, dass es mich schmerzte. Daran erinnere ich mich bis heute. Und mein Vetter, der Bräutigam, winkte mich unter all den Menschen zu sich, bat mich um mein Taschentuch, das ich in der Hand hielt, wischte sich den Schweiß vom Gesicht und schaute mich gequält an. Mir war die Situation nicht ganz geheuer, ich trat zurück, er winkte mit dem Taschentuch, aber ich entfernte mich weiter. In mir tat sich eine abgrundtiefe schwarze Leere auf. „Wo bleibt der Bräutigam? Die Trauung soll beginnen!", rief plötzlich jemand. Mein Vetter stopfte das Taschentuch in die Jackentasche und betrat nervös den Saal.

Ich stand mit der Familie vor dem Gebäude der landwirtschaftlichen Genossenschaft. Es war ein heißer Tag und heller Staub flog auf. Der Bus, der die Gäste von der Hochzeit zurückbrachte, hatte uns abgesetzt und in einer Staubwolke zurückgelassen. Die Hitze war mir ins Gesicht gestiegen, Schweiß lief mir von der Stirn, und Staub klebte an meinem kurzen Haar und an den Wimpern, so dass ich die Augen nicht richtig offen halten konnte. Ich fühlte mich völlig wertlos.

Ich war schnell gewachsen, mein Gesicht schien geschrumpft, mein Körper war lang und hager und die aus den Ärmeln ragenden Arme waren knochendürr. Das gepunktete Kleid hing an diesem unansehnlichen Körper herab wie ein schlaffe Küchengardine. Nach langem Warten kam ein knallgelbes Taxi. Plötzlich fand ich mich ganz allein vor dem großen Gebäude. Nur die Sonne brannte und um mich herum herrschte völlige Stille. Bei jedem Windstoß wurde Staub aufgewirbelt und die Falten meines Kleides flogen hoch. Ich begann, der staubigen, ungepflasterten Straße zu folgen, wobei meine schwarzen Leinenschuhe ganz schmutzig wurden. Ich hatte meine Liebe verloren, vielleicht für immer. Mich überkam das Gefühl, einen ganz unbekannten Weg zu gehen.

Niemand war mehr für mich da. Wenn ich so weitergehen würde, wäre ich bald eine völlig Fremde, die von keinem Menschen verstanden werden würde. Ich befürchtete, mein Leben könnte sich in so weiter Ferne verlieren, dass ich es nicht mehr in den Griff bekommen könnte. Wie das verschreckte Mädchen auf dem Bild „Pubertät" von Munch wurde ich allmählich zu einem neurotischen Geschöpf, dem man die Kleider genommen und es irgendwo eingesperrt hat. Ich aß nur einmal am Tag und naschte auch nicht nebenher wie andere Mädchen. Glücklicherweise wuchs ich nicht mehr, und auch später wurde ich nur noch knapp einen Zentimeter größer. In meiner Vorstellung sah ich mich immer in meinem gepunkteten Kleid unter der gleißenden Sonne in einer Staubwolke dahinwandern. Ich war entschlossen, niemals zu heiraten.

Auf dem Feld neben der Straße blühten Tabakpflanzen. Ich war jetzt zweiundzwanzig Jahre alt. Als ich eine der zarten rosa Blüten pflückte, trat aus dem Stengel eine dicke Flüssigkeit heraus, die mir klebrig zwischen die Finger lief. Ich kam aus dem Feld mit den mannshohen Pflanzen, deren große grüne Blätter die Hitze aufsaugten, und ging weiter. Es war ein heißer Sommertag. Die Hitze war so stark, dass ich fürchtete, meine schwarzen Haare würden versengt, mein Körper könnte Feuer fangen und in Flammen aufgehen. Wie immer trug ich mein gepunktetes Kleid. Mein Busen war nicht mehr gewachsen und ziemlich flach, so dass es mir immer noch passte. Da ich einen schmalen Gürtel trug, war der Saum viel höher und kitzelte mich beim Gehen zwischen den Knien.

Als ich an dem hohen schmalen Trockengestell für den Tabak vorbeikam, sah ich ein schwarzes Auto um die Ecke kommen. Die Chromteile des Wagens glitzerten im Sonnenlicht. Er kam auffallend langsam näher und hielt schließlich neben mir, während ich mich angstvoll an den Straßenrand drückte. Auf der Tür war die Hibiskusblüte, das Symbol der Staatsmacht, abgebildet und darunter stand „Dienstwagen". Zwei Männer stiegen aus. Ich hatte zwar noch keine Geheimdienstler gesehen, erkannte sie aber intuitiv, wie man eine vorbeihuschende Schlange spürt. Einer der beiden stellte meine Personalien fest, während der andere die hintere Tür öffnete und mich mit befehlendem Blick zum Einsteigen aufforderte. Ich nahm auf dem Rücksitz Platz. Der Wagen war klimatisiert. Es war angenehm kühl, und ich hörte auf zu schwitzen.

„Wohin gehst du?"

„Zu meiner Freundin..."

Ich versuchte, so gelassen wie möglich zu antworten. Der Geheimdienstler auf dem Beifahrersitz, der sich zu mir umgewandt hatte, glaubte mir nicht und stellte mir misstrauisch weitere Fragen.

„Hast du Kim Yunsu kürzlich gesehen?"

Ich war auf dem Weg zu ihm. Er trug furchtlos ein Foto von Lenin in der Brieftasche. Ich nickte nur. Es war besser, das zuzugeben.

„Wann?"

Jetzt wurde es schwierig. Ich hatte ihn vor einer Woche getroffen. Ich konnte doch nicht wissen, für welchen Tag er ein Alibi brauchte.

„Am letzten Samstag und zweimal diese Woche."
„Wann genau?"
„Dienstag und Donnerstag", sagte ich kurz entschlossen und fügte hinzu: „Ich habe beide Male bei ihm übernachtet und bin erst morgens gegangen."
„Gestern also auch?"
„Gestern früh."
Der Geheimdienstler warf mir einen skeptischen Blick zu und wandte sich nach vorn. Kurz darauf redete der Mann auf dem Fahrersitz mir mit unverhohlener Drohung gut zu: „Mach uns nichts vor! Dein Vater ist doch auch Beamter, und du hast dich als Lehrerin beworben. Daraus wird nie etwas, wenn du so weitermachst. Auch für deinen Vater wird das nicht ohne Folgen bleiben. Sei doch realistisch. Du solltest vor allem auch an deine Heiratschancen denken! Wer nimmt dich noch, wenn es sich herumspricht, dass du dich mit einem solchen Unruhestifter ohne Zukunft abgibst? Du machst dir alles kaputt!"

Bei den letzten Worten drehte er sich rasch um und sah mich prüfend an. Sein Blick war kalt wie der einer Klapperschlange.

„Wann hast du ihn also getroffen? Heraus mit der Sprache!"

Ich hatte den Kopf gesenkt und zählte die Punkte auf meinem Rock. Eins, zwei, drei, vier, fünf, sechs... Ich musste lächeln. Heiraten wollte ich doch sowieso nicht.

Es regnete. Er war gerade aus der Fabrik zurückgekommen. Ich stellte das mitgebrachte Essen vor ihn hin. Er aß schweigend. Im Nebenzimmer lief laut der Fernseher mit dem Unterhaltungsprogramm zum Wochenende und zwei kleine Mädchen weinten abwechselnd. Bei der armen Familie, die nur in einem Raum wohnte, wurden in der winzigen Küche offensichtlich Porreepfannkuchen gebacken, denn in den Geruch des Regens mischte sich der Geruch nach überhitztem Öl und garem Porree.

Er streichelte mir über das Haar, die Wange und die Lippen, und ich spürte, wie rau seine Hände von der harten Arbeit geworden waren. Seine besorgte Zärtlichkeit erregte mich. Als seine Hände leidenschaftlicher wurden, fürchtete ich, mein Kleid könnte zerreißen. Ich setzte mich auf, kehrte ihm den Rücken zu und bat ihn, den Reißverschluss zu öffnen. Ich hängte das Kleid an einen Haken und ging im Unterrock wieder zu ihm. Er kniete dort, schwer vor Begierde, und richtete seinen nach innen gekehrten Blick auf mich. Draußen regnete es anhaltend. Wir liebten uns, während das Regenwasser in Strömen vom Wellblechdach herunterlief. Es gab nur einen niedrigen Esstisch und drei übereinander gestapelte Kartons mit Büchern und Kleidern und eine blaue Glasvase mit Lilien, die ich gekauft hatte, das war alles in diesem kleinen dunklen Zimmer. Trotz der Sommerhitze war etwas Eiskaltes um ihn. Nach dem Sex sang er mir unverständliche russische Volkslieder vor. Liebte ich ihn eigentlich? Das wusste ich selbst nicht so recht. Er sah meinem Vetter sehr ähnlich. Wegen seines blassen Gesichts war er in der Fabrik als linker Student entlarvt worden. Er verschwand. Erst nach ein paar Monaten erfuhr ich, dass er eingezogen worden sei. Es gab auch solche, die vom Militärdienst nicht zurückkehrten. Er tauchte jedenfalls auch ein paar Jahre nach meinem Studienabschluss nicht wieder auf.

„Sind Sie Linkshänderin?"
    Ich war vierundzwanzig. Meine Tante hatte ein Rendezvous mit einem Heiratskandidaten arrangiert. Ich wurde rot. Ich hatte mir mit der linken Hand Milch und Zucker in den Kaffee getan und dabei etwas weißen Zucker auf dem braunen Tisch verstreut. Ich nahm den Löffel und rührte den Kaffee mit links um. Mit einem scharfen Messer hätte ich auch einen Apfel mit der linken Hand geschält. Denn ich hatte lange Zeit auf dem rechten Daumen eine hässliche Warze. Ich ließ sie vom Arzt entfernen, aber sie wuchs nach.
    Ich resignierte und machte von da an alles mit der linken Hand. Mit links hielt ich mich im vollen Bus an der Halteschlaufe fest, stellte den Fernseher an, rauchte, legte beim Sitzen die linke Hand auf die rechte, hielt die Tasse in der linken Hand, verabschiedete mich und stieß beim Trinken mit der linken Hand an, und selbst eine Maß Bier trank ich auf diese Weise. Ich vermied tunlichst, jemandem die Hand zu ge-

ben. Jetzt war die Warze verschwunden. Es blieb nur eine kleine glatte Stelle wie von einer Brandwunde, und die Narbe war kaum zu erkennen. Doch ich war inzwischen zur Linkshänderin geworden.

Statt einer Antwort zählte ich die schwarzen Punkte meines Kleides. Es war so alt, dass der Stoff noch dünner und weicher geworden war. Die senkrecht eingewebten Silberfäden waren an einigen Stellen gerissen und bildeten glitzernde Fussel. Für das Treffen trug ich ganz bewusst kein neues Kleid. Ich war eine ruhige Person, vorbildlich und großzügig, aber vernünftig war ich ganz und gar nicht. Außerdem war ich nicht unberührt und hatte mit Heiraten nichts im Sinn. Ich hoffte, dass er meine Gleichgültigkeit nicht falsch auffassen würde. Im Laufe der Begegnung wurde mir aber klar, dass wir viel gemeinsam hatten. Er war ein zurückhaltender, abwartender Typ, der niemanden liebt und diejenigen leicht geringschätzig behandelt, die ihn lieben, einer, der sich unter anderen nicht hervortut, aber insgeheim extreme Neigungen verfolgt. Einer, der sich vor der Zukunft fürchtet, aber nichts tut, um sie zu sichern, der sich über das Engagement anderer mokiert, selbst aber über das eigene Desinteresse beunruhigt ist. Ich fühlte mich stark angezogen von seinem Blick, seinem Kinn, seiner Stimme und seinen Handbewegungen. Er war eine physische Herausforderung für mich.

„Jemand hat mal gesagt: ‚Für eine Frau, deren Erscheinung mir hundertprozentig gefällt, empfinde ich menschlich die größte Abneigung'."

Ich sah ihn unsicher an. Sollte er das Gleiche gedacht haben wie ich?

„Ich erwarte jetzt nicht mehr viel von der Beziehung zu einer Frau. Ich bin dreiunddreißig Jahre alt und möchte einfach heiraten. Ich suche eine umgängliche, freundliche, einigermaßen aufrichtige Partnerin. Wie eine Kellnerin im Restaurant, nicht die große Liebe. Aber Sie? Wie soll ich es ausdrücken? Sie sehen kompliziert aus wie ein junges Mädchen, empfindlich, trübsinnig, als wären sie sechzehn, als hätten Sie einen langen Weg zu gehen. Sie sehen nicht aus, als wollten Sie schon heiraten."

Er war nicht nur höflich, sondern verfügte über großen Scharfblick. Ich saß ausdruckslos da, fühlte mich jedoch im Innersten getroffen. „Wie man sich auch entscheidet, leidet man darunter. Vielleicht kommen Sie für eine Heirat nicht in Frage, aber ich finde Sie wirklich reizvoll."

Vor dem Haus, in dem ich ein Zimmer gemietet hatte, saugte er sich plötzlich an meinen Lippen fest und versuchte, sich wie ein großer zappelnder Fisch zwischen meine Beine zu zwängen. Seine Anstrengung, meinen versteckten kleinen Klingelknopf zu drücken, kam mir befremdlich und ein wenig komisch vor. Während ich mich noch sträubte, stieß ich mit dem Kopf heftig gegen die Mauer. Ich schrie leise auf, so dass er mich losließ. Verwirrt fuhr ich mir mit der Hand durch das Haar und sah ihn fragend an. Er glich einem Mann in einem brennenden Haus, der den Ausgang nicht findet. Ich hätte einfach klingeln und die Tür hinter mir zuschlagen können. Stattdessen blieb ich weiter vor ihm stehen. Ich wollte auf ihn eingehen, ein Wagnis riskieren.

In einem nahe gelegenen Motel gab ich mich ihm hin – noch im Kleid und an die Wand gelehnt. Unsere Beziehung war wie ein Feuerwerk aufgelodert und ebenso schnell vorüber. Ohne zu duschen ging ich, und als ich wieder vor meinem Haus ankam, überkam mich ein Gefühl der Unwirklichkeit. Ich schob alles einfach auf das gepunktete Kleid und machte mir keine Gedanken mehr darüber. Am nächsten Tag stellte ich fest, dass der Saum sich gelöst hatte. Ich nahm das Kleid und nähte ihn sorgfältig nach. Diesmal stach ich mich noch nicht einmal. Danach sah ich ihn nicht mehr und hörte auch nichts mehr von ihm. Aber manchmal verschwammen die Gesichter der Männer zu einem Gesicht, dem des in einem brennenden Haus eingesperrten Mannes, der mich aufriss wie einen Notausgang und ins Freie stürzte. Ich fragte mich, ob diese Männer wirklich mich gemeint hatten. Aber das ist ja auch nicht so wichtig. Es gibt keinen so großen Unterschied, ob sie mich nun um meiner selbst willen begehrten oder ob ich zufällig in dem Moment da war, wo sie befreit werden wollten.

Eines Abends war ich am Meer. Mit achtundzwanzig Jahren hatte ich weniger Geld als je zuvor, seit ich von zu Hause ausgezogen war, denn ich hatte den Arbeitsplatz zu häufig gewechselt. Genauer gesagt hatte mein Vater mich wegen meines unmoralischen Lebenswandels vor die Tür gesetzt. Ich konnte mir kein neues Kleid leisten und trug zu dem Rendezvous mein altes gepunktetes. Auch der Mann, mit dem ich an den Strand gegangen war, hatte es nicht leicht.

Dieser arme Teufel war unter allen Männern, die ich damals kannte, der eigenwilligste. Er war schon dreiunddreißig, lebte aber immer noch im Haushalt seines jüngeren Bruders. Seine Eltern hatten die Wohnung eigentlich für ihn gekauft, als er das Studium an einer Eliteuniversität beendet hatte. Ein paar Jahre später zog der jüngere Bruder zu ihm. Nach einer Weile brachte dieser eine Frau ins Haus, so dass er selbst in die Ecke gedrängt wurde. Obgleich sein Bruder einen Sohn bekam, waren seine Eltern auf dem Land damit nicht ganz zufrieden. Denn sie erwarteten von dem Ältesten, dass er eine Familie gründete. Dann würden sie ihm eine andere Wohnung zur Verfügung stellen. Aber er war immer noch ledig.

Nach dem Studium fand er keine Stelle. Stattdessen erwarb er allerlei Lizenzen und erhielt auf diese Weise Qualifikationen in ganz entgegengesetzten Bereichen. Als letztes wurde er überraschenderweise als Übersetzer für Japanisch zugelassen. Er konnte die Sprache schon seit langem, denn er hatte sie früh anhand von Pornoheften und Videokassetten in Motels gelernt.

Von einer Frau war er zutiefst verletzt worden. Mit zwanzig erlebte er seine einzige große Liebe, durch deren Scheitern er seinen Lebensinhalt und seine Hoffnung verlor. Worum ging es dabei? Er gab niemandem darüber Auskunft und schwieg hartnäckig. Seine Bekannten erfuhren nur, dass die Frau zwei Jahre älter war als er. Die bittere Erfahrung hatte ihn aus der Bahn geworfen, und trotz der langen Zeit, die vergangen war, war er unfähig, eine Beziehung zu einer anderen Frau zu entwickeln. An seinem Leben änderte sich nichts. Als ich ihm begegnete, kam er mir wie ein unschuldiges Kind vor, wie ein neutrales Wesen, dem niemand etwas anhaben konnte. Er hatte schwarzblaues

Haar, ein längliches, blasses Gesicht, trug eine Hornbrille und schaute, die schmalen Lippen aufeinander gepresst, desinteressiert vor sich hin. Seine Stimme war knabenhaft hell. Beim Sitzen kreuzte er fest die Arme und schlief mit angezogenen Beinen. Manchmal steckte er den Daumen in den Mund, riss die Augen weit auf wie ein exotischer Vogel, wenn ihm etwas Unerwartetes begegnete, und lachte verschämt auf, wenn ihn etwas erschreckte. Fast alle seine Gesten glichen denen eines Embryos. Sein Verhalten wirkte regressiv.

An jenem Abend fand ein Strandfest statt. Auf der über der Mole errichteten Bühne spielte eine Band mehr schlecht als recht sentimentale Musik. Während einige drittklassige Sänger Schlager zum Besten gaben, sprangen junge Männer mit nacktem Oberkörper und sandigen Füßen hinauf und tanzten wild. Man spielte den uralten Elvis-Hit „Burning Love". Auch unterhalb der Bühne gebärdeten sich die jungen Leute ausgelassen. In der Saison reihten sich am schmalen Strand zahlreiche Kneipen aneinander, die mit weihnachtlich blinkenden Lichterketten geschmückt waren. Wegen der überlauten Musik schien sich der Strand wie in einem Hongkong-Film zu drehen. Wir tranken Bier in dem am Ende der Mole gelegenen Café „Weißer Wal", auf einem Schiff, das als Bootsanleger diente. Die Musik dröhnte, und man konnte die schlanken dunklen Silhouetten der jungen Männer erkennen, die auf der Bühne tanzten und sangen.

„Lass uns heiraten", schrie der Mann. Ich lachte auf, als wäre es mir völlig gleichgültig. „Gehen wir nach Taiwan, wenn wir von unseren Familien unseren Anteil ausgezahlt bekommen haben. Dort mieten wir uns für zwei Jahre ein Hausboot. Wenn das Geld alle ist, geht jeder wieder seinen Weg. Was meinst du?"

Ich zog eine Grimasse und schrie wie eine Opernsängerin mit laut aufgerissenem Mund:

„Toll!"

Ich klatschte zu diesem phantastischen Kompromiss in die Hände. Wenn ich schon heiratete, war er der einzige Partner, mit dem ich mich auf so etwas einlassen könnte. Wir würden uns gründlich über die Ehe mokieren und heimkehren, nachdem wir sie in der Fremde auf dem Meer zurückgelassen hätten.

Neben uns saßen die Männer der Küstenwache und tranken Bier. Sie schrien auch irgendetwas. Wir zahlten beim behaarten Inhaber des Cafés und gingen die Mole entlang. Plötzlich zog er sein Hemd aus, öffnete den Reißverschluss seiner Jeans, streifte sie ab und warf sie mir vor die Füße.

„Ich schwimme zu der anderen Mole hinüber. Bleib hier sitzen, bis ich wieder zurück bin. Und dann heiraten wir", rief er mir zu.

Ich hätte ihn zurückhalten sollen, aber ich wusste sehr wohl, dass das sinnlos gewesen wäre, denn er hätte nicht auf mich gehört. Er ging die Molentreppe hinunter, beugte sich vor, steckte die Hände ins Wasser und fuhr sich damit durch die Haare. Das wiederholte er ein paar Mal, bis sie straff am Kopf anlagen. Wie ein dunkler Held schenkte er mir ein trauriges, zynisches Lächeln und warf sich in die Wellen. Niemand sonst war im Wasser.

Die Leute befanden sich alle auf dem flachen Strand bei der Bühne. Es war ein idyllisches Bild, wie er in der Mondnacht allein ins Meer hinausschwamm. Ich wurde ruhiger, je weiter er sich entfernte. Als er außer Sicht war, nahm ich die schrille Musik und die Tanzenden nicht mehr wahr. Wie in einer Filmszene drehten sich nur die glitzernden Lichter am Strand. Zu hören war nichts mehr. Vage hatte ich das Gefühl, dass auch das Meer manchmal wie ein Hai Menschen verschlingt. Ich hatte kalte Füße und begann zu zittern.

‚Wenn du zurückkommst, werde ich deinen nassen Körper küssen. Vielleicht wird sich der dunkle Zauber um dich lösen. Und vielleicht kann auch ich mich von dem Fluch befreien. Dann brauchen wir nicht zu heiraten und uns an einem fremden Strand niederzulassen. Wir können einen richtigen Haushalt gründen, morgens zur Arbeit gehen und vielleicht sogar ein Kind haben...'

Eine ganze Weile mochte so vergangen sein. Plötzlich kam ein kalter Wind auf wie ein großer Vogel, der die nassen Flügel schlägt. Die Musik der Band brach ab, die Tanzenden hielten ein, sprangen von der Bühne und liefen zum Strand. In kleinen Gruppen redeten sie aufgeregt

miteinander. Die Mädchen warfen sich mit erschreckten Schreien in die Arme der Jungen. Einige Jungen liefen zur gegenüberliegenden Mole hinüber. Mich fröstelte es. Ich hielt meine Arme eng verschränkt und zog die Schultern ein. Ein Junge rannte hinter mir vorbei. Er hatte einen der Männer der Küstenwache, die in dem Café getrunken hatten, entdeckt und schrie ihm etwas zu: „Ein Ertrunkener! Er war schon tot, als wir ihn an Land gezogen haben."
„Wo?"
„Da bei der Mole."
Es war still, und jedes Wort war deutlich zu verstehen. Der Aufschrei der erschreckten Mädchen zerriss die Luft. Man sah die Leute von der Küstenwache zu ihrem Boot stürzen. Ich war gelähmt wie in einem Albtraum. Das Boot heulte auf und durchschnitt die Wellen. Vielleicht konnte ich mich nicht von der Stelle rühren, weil ich auf die Rückkehr meines Begleiters warten musste. In meiner Angst versuchte ich, meine verkrampften Finger zu bewegen. Das Licht auf der Bühne war abgeschaltet und die Musiker der Band luden hastig ihre Instrumente auf einen Lastwagen und machten sich fluchtartig davon. Die eingetretene Stille wurde von einer der aufgereihten Kneipen aus unterbrochen, wo jemand ohne Begleitung in ein Mikrofon sang. Das Lied war mir nicht bekannt. Der Mann sang den Refrain auffallend langsam: „So sehr ich schaue, so viel ich suche ... ich finde dich nicht." Ich hasste den Sänger. Er verwünschte die grüne Tiefe des Meeres. „Wie viele Tote leben wohl in dem unerbittlich wogenden Grün?" Ich konnte ihn da noch nicht verstehen. Jetzt aber kam auch mir das Meer erbarmungslos vor. Auch ich verfluchte es. An der gegenüberliegenden Mole kam mit Sirenengeheul ein Krankenwagen an.

Als er wieder fort war, näherte sich das Boot der Küstenwache mit lautem Motorengeräusch der Anlegestelle. Die Männer setzen sich wieder ins Café. Sie wirkten angespannt.

„Ist er tot?", fragte der Inhaber. Sie nickten gleichzeitig.

„Was für ein schrecklicher Abend!", murmelte jemand.

Sie stierten auf das pechschwarze brodelnde Meer. Mein fadenscheiniges gepunktetes Kleid flatterte im kalten Seewind. Immer noch sang der Mann in der Strandkneipe dasselbe Lied.

Plötzlich entstand erneut Unruhe im Café, als einer von der Küstenwache nach dem Mikrofon griff und hineinschrie: „Da, was ist das da? Ist da ein Verrückter immer noch im Wasser? He da, willst du mich ruinieren? Du da hinter der Sicherheitsleine, komm sofort aus dem Wasser! He, kehr um!"

„Der hört dich nicht. Warum gibt es heute Abend bloß nur so viele Ausgeflippte?"

Die Männer fuhren wieder mit ihrem lauten Boot los. Mich durchzuckte ein Schlag. Ich stand auf und schaute dem Boot nach. Der Motor war nicht mehr zu hören, und Totenstille lag über dem Meer. Ich ging zu dem Café hinüber. Die Männer kamen bald zurück. Sie riefen dem gespannt hinüberschauenden Inhaber mit einem Schulterzucken zu: „Es war nichts", und zeigten auf eine weiße Boje in ihrem Boot.

„Sieht aus wie der Kopf eines Schwimmers", meinte der Inhaber. Ich fiel mit dem Oberkörper auf den Tisch. Bierflaschen und Gläser fielen hinunter. Bier floß auf mein Kleid. Bleibende Flecken. Der Inhaber seufzte. Aus der Strandkneipe schallte immer noch dasselbe Lied herüber. Von fern drang es an mein Ohr. „So viel ich suche, ich finde dich nicht... Ich schaue und schaue und sehe nichts..."

Mehrere Jahre wusste ich nichts mehr über den Verbleib des verschlissenen, fleckigen Kleides. Mit der Überwindung dieser Phasen meines Lebens veränderte sich meine Lage rasch. Sollte die Prophezeiung der Wahrsagerin in Erfüllung gehen? Nach meinem dreißigsten Geburtstag begann ich, Erfolg zu haben, und auch mein Lebensstil änderte sich drastisch. Jetzt hätte ich mir jede Menge Kleider nach der letzten Mode kaufen können. Es war nicht mehr eine Frage des Geldes, nur noch der Zeit. Alles lief beunruhigend gut. Nichts stellte sich mir in den Weg. Ich arbeitete von früh bis spät. Wenn ich einmal den Kopf hob und aus dem Fenster schaute, dachte ich manchmal daran, was mein ertrunkener Freund gesagt hatte: „Wer es schafft, ohne Arbeit zu leben, ist der eigentliche Lebenskünstler." Ich gab ihm Recht. Arbeit war in den meisten Fällen doch nur ein Vorwand für die Befriedigung der Habgier.

Dass ich in den letzten drei Monaten so erfolgreich gewesen war, erschien mir selbst unfassbar. Seit fünf Jahren war ich zum ersten Mal wieder auf dem Weg zu meinen Eltern. Als ich in den Ort kam, fuhr ich langsam am Lebensmittelgeschäft meines Vetters vorbei. Er hatte in der Stadt mehrfach Pech gehabt und war schließlich heimgekehrt. Auf der Höhe des Ladens war mir so beklommen zumute, dass ich kaum atmen konnte. Darauf war ich nicht vorbereitet.

Ich hielt an der Tankstelle, und während Benzin nachgefüllt wurde, ging mir der Atem schwer. Plötzlich sah ich meinen Vetter auf der Ladenzeile in meine Richtung kommen. Wie konnte ich ihn nach so langer Zeit noch erkennen, obgleich er so verändert war? Er schlurfte in Plastikschlappen daher, hatte stark zugenommen, kaum noch Haare auf dem Kopf und schien kaum größer als ich zu sein. Einen Moment lang starrte ich ihn an, aber bevor er an meinem Wagen vorbeiging, klappte ich die Sonnenblende herunter, beugte mich nach unten und tat, als suchte ich nach einer Kassette. Ich zündete mir eine Zigarette an und fuhr los, nachdem ich eine willkürlich herausgegriffene Kassette eingelegt hatte. Unterwegs rauchte ich eine Zigarette nach der anderen. Ich verwünschte meine Fähigkeit, nach so langer Zeit einen so veränderten Menschen wieder zu erkennen.

Hinter der trostlosen Industriezone bog ich ab und fuhr langsam an den Trockengestellen für Tabak entlang. Seit einigen Jahren wurde hier kein Tabak mehr angebaut. Es gab also auch keine Tabakblüten mehr. Jedenfalls war es schon Spätherbst, und die Tabakernte wäre sowieso längst vorbei gewesen. Die herbstliche Nachmittagssonne mit ihren klingenscharfen Strahlen funkelte golden auf dem Feld. Ich fuhr mit zusammengekniffenen Augen und trat plötzlich auf die Bremse. Dort am Fuße des Hügels flatterte in einem Feld mein gepunktetes Kleid.

Ich stieg aus, machte mit den Armen aufgeregte Zeichen, als wollte ich jemanden zum Anhalten bringen, und lief atemlos den Feldweg entlang. Mein Kleid stand auf einem langen schmalen Kolbenhirsefeld, das bestimmt nicht uns gehörte. Vielleicht hatte jemand aus dem Dorf bei uns um alte Kleider für eine Vogelscheuche gebeten. Meine Mutter hatte dann wohl in einigen Schubladen nachgeschaut und etwas Passendes hergegeben. Ich stand vor der Vogelscheuche, die mein Kleid trug, und lachte verlegen unter dem klaren Himmel, während der Wind mir die Haare ins Gesicht blies. Es wäre kein schlechtes Ende für das Kleid, wenn es hier auf dem Feld in Regen, Wind und Sonne zerrissen und sich mit der Erde vermischen würde. Ich nahm meinen schwarzen Hut vom Kopf, setzte ihn der Vogelscheuche auf, trat einen Schritt zurück und begutachtete das Ergebnis. Dann nahm ich meine italienische Sonnenbrille, bog die Bügel weit auseinander, damit sie auf das Mondgesicht der Vogelscheuche passte, und setzte ihr die Brille auf, ohne den Verlust zu bedauern. Auf dem Rock des flatternden Kleides waren immer noch die gelblichen Bierflecken zu sehen.

Ich hatte das einfache gepunktete Kleid genau zwölf Jahre getragen. Mit Wehmut und etwas Nostalgie denke ich an die Zeit zurück. Ein solches Kleid kann zu einem Bestandteil der seelischen Entwicklung werden. Ein beherrschender Einfluss oder ein Komplize meiner Jugendzeit. Jetzt fühlte ich mich erwachsen. Vielleicht weil das alles überstanden ist, denke ich jetzt, dass mir die Erfahrungen nicht geschadet haben. Wie die Flüsse und der Wind den Sand forttragen, ist alles im Leben wie ein willenlos treibendes Sandkorn. Mindestens in diesem Augenblick begreife ich den Sinn dessen, was Leben bedeutet. Bloß lässt es sich sprachlich nur undeutlich ausdrücken und ist nur ein rasch verschwindendes Gefühl. Wenn ich es trotzdem formuliere, geht es um Folgendes: Sich selbst dem Wind anheimzugeben, dem Leben Vertrauen zu schenken, sich von Augenblick zu Augenblick davontragen zu lassen.

Kong Sonok

Die allein stehende Mutter

Seit Tagen regnet es. Die ganze Welt ist vom Regenwasser durchnässt. Man weiß nicht, wohin vor Nässe. Sie hat den Hühnern keinen Unterstand machen können. Um keinen einzigen Regentropfen abzubekommen, wollen die Hühner immer wieder unter dem Aprikosenbaum Schutz suchen. Ach, dieser Aprikosenbaum! Anfangs hatte Chong-Ok nicht gewusst, dass es sich um einen Aprikosenbaum handelte, bis aus den Blüten grüne Früchte gereift waren, sie diese gepflückt und daraus sogar einen Mirabellenlikör gemacht hatte. Dass man aus den grünen Früchten einen Aufgesetzten machen kann, hatte sie gewusst und sie deshalb mit Schnaps aufgegossen. Sie hatte gemeint, dass jeder mit grünen Früchten Aufgesetzte eben einfach als Mirabellenschnaps zu bezeichnen sei. Sie hatte einen ganzen Weidenkorb voll Früchte gepflückt und war in die Stadt gefahren, um Schnaps zu kaufen. Sie hatte drei Flaschen besorgt, für jedes der Kinder etwas Sommerliches zum Anziehen und für ihre Zweite, die sich wegen der langen, ins Gesicht fallenden Haare ein merkwürdiges Blinzeln angewöhnt hatte, einen Haarreifen, hatte für tausend Won Pflaumen gekauft und war dann mit dem Bus, der täglich einmal verkehrte, heimgefahren. Da erfuhr sie, dass ihre Freundin Suna während ihrer Abwesenheit mit ihrem Mann vorbeigekommen war und beide sich den Bauch vor Lachen gehalten hatten. Ihre Zweite berichtete: „Du, Tante Suna hat gesagt, dass das gar keine Mirabellen sind."

Sie hatte ihr erst einmal den Haarreif gegeben. Ihre Tochter wollte nichts weiter dazu sagen, denn der schwarze Haarreif, den die Mutter ihr gekauft hatte, gefiel ihr nicht. Sie hatte einen rosafarbenen haben wollen.

„Was sind es denn für Früchte?"

Das Kind schwieg stur vor sich hin. Und um diese Früchte aufzusetzen hatte sie drei Flaschen Schnaps besorgt! Vor allem wurde sie rot vor Ärger, weil Suna und deren Mann sich über ihre Unwissenheit, dass sie aus den falschen Früchten Mirabellenlikör aufsetzen wollte, lustig gemacht hatten, und weil die Tochter so eigensinnig schwieg. Wütend ging sie auf sie zu und riss ihr den Haarreif wieder weg.

„Was sollen es denn dann sein?"

„Das hat sie nicht gesagt."

„Willst du dich auch noch über mich lustig machen?"

„Tausch den Reif um, dann sage ich es dir."

„Schluss jetzt! Da hast du deinen Haarreif!"

Chong-Ok zerbrach den Reif unbeherrscht und tausend Won waren damit zum Fenster hinausgeworfen. Sie scherte sich nicht um die Tränen ihrer Zweiten und lief mit dem Zweijährigen auf dem Rücken den Hügel hinauf, wo Suna wohnte.

„He, Suna, warum musst du mich vor meiner Tochter bloßstellen?"

Suna und ihr Mann waren von Natur aus gutmütig und schauten Chong-Ok, die sie so aufgebracht anfuhr, weiter ganz unbekümmert an. Sunas Mann holte den im eigenen Haus aufgesetzten Mirabellenlikör herbei und stellte ihn einfach vor Chong-Ok hin.

„Da. Nun vergleich doch mal unsere Mirabellen mit deinen. Das wird dich überzeugen."

Da ärgerte sie sich über ihre Dummheit und, ein Gläschen nach dem andern schlürfend, trank sie sich einen Rausch an. Als die Mutter wankend zu Hause ankam, machten die Kinder schmollend einen Aufstand. Die Älteste saß schnaubend hinter ihr und schaute sie kein einziges Mal an, während die Zweite, auf ihre eingefallene Brust trommelnd, tobte, auf wen sie sich denn verlassen könnten und wie sie leben sollten, wenn die Mutter sich so aufführte. Wenn sie an den Tag zurückdenkt, ist ihr immer noch richtig beklommen zumute und ihre Mundwinkel zittern. Seit diesem Vorfall überkommt sie häufig das Gefühl der Unzulänglichkeit.

Jedes Mal, wenn der Wind etwas auffrischt und durch die Zweige des Aprikosenbaums fährt, tropft der Regen auf die Köpfe und das Gefieder der armen Hühner. Was kann sie machen? Die Arme verschränkt steht sie am Zaun und grübelt darüber nach. Was bei diesem Regen erforderlich ist, hat sie schon getan: die umgefallenen Chili-Stangen aufgerichtet, auf dem Dach die Plastikplane ausgebreitet, damit es nicht durchregnet, den verstopften Abfluss frei gemacht und sich den ganzen Tag abgerackert. Jetzt reicht es ihr wirklich. Dennoch macht sie sich Sorgen. Der Gedanke an die Hühner im Regen stört ihren Schlaf. Sie träumt sogar, dass sie alle umkommen, und fährt erschrocken hoch. Draußen regnet es immer noch. Mutlos hockt sie auf dem Boden des Klassenzimmers. Eigentlich war ist kein Klassenzimmer mehr. Schon seit über einem Jahr dient es nicht mehr seinem Zweck. An der Wand reihen sich ein Schrank für das Bettzeug, die Schreibtische der Kinder und Kleiderhaken.

Die Schule ist geschlossen worden. Nachdem die letzten beiden Schüler, Sunas Kinder, in die vier Kilometer entfernt gelegene Hauptstelle geschickt worden sind, dient die Schule jetzt der aus der Stadt zugezogenen Familie von Chong-Ok als Wohnung.

Durch die Dielenspalten dringt die Feuchtigkeit. Ihre Füße kleben am Boden. Sie hat das Gefühl, auf ein glitschiges Tier getreten zu sein. Sie schaltet den Ventilator an. Er funktioniert nicht. ‚Wenn Menschen oder Geräte nicht gehorchen wollen, dann helfen nur Schläge', denkt sie, und als sie schon zuhauen will, fällt ihr der Heizofen ein. Sie ist sich nicht sicher, ob er in Ordnung ist. In der Stadt funktionierte er manchmal nicht. Aber sie hat keine andere Wahl. Das rostige Heizgerät herauszukramen, ist auch umständlich. Sie gerät ins Schwitzen. Sie schließt das Gerät an die Steckdose an und drückt den Knopf. Sie hat es ja gewusst. Die Brennstäbe reagieren nicht. Sie schlägt das Gerät mit der Faust und tritt mit dem Fuß dagegen. Der Rost rieselt auf den Boden. Plötzlich schlägt sie sich mit derselben Faust an die Stirn, noch kräftiger als gegen das Heizgerät. Denn ihr ist eingefallen, dass der Strom abgestellt ist.

Bei dieser feuchten Kälte hilft vielleicht ein Schnaps. Dieses unbenutzbare Ding, das sich vor ihr aufpflanzt, irritiert sie. Das Wegräumen erfordert wieder einen Kraftaufwand, und sie will lieber erst einen Schnaps trinken. Dann geht ihr die Arbeit leichter von der Hand.

Das hat ihr eine alte Nachbarin geraten, als ob es ein Geheimtip wäre. Was die Alte, deren Gesicht so von Falten zerfurcht war, dass man nicht unterscheiden konnte, ob sie lachte oder weinte, in ihrer Pluderhose versteckt mitgebracht hatte, war eine Flasche Schnaps, die sie heimlich mit Chong-Ok trinken wollte.

„Was ich dir sagen wollte... Eine junge Witwe wie du sollte sich das zu Herzen nehmen! Es wirkt Wunder. Ich sag es dir ins Ohr..." Es war nichts Besonderes. Was tat sie nur so geheimnisvoll? Dank der Alten, die einen irgendwie zum Lächeln brachte, hatte sie das vergangene Jahr einigermaßen ertragen können.

Jedenfalls hilft ihr ein Schnaps in der Not. Suna macht sich deswegen Sorgen um Chong-Ok. An einem Tag wie heute kommt sie gewöhnlich vorbei. Suna hat bei Regenwetter viel weniger zu tun als an schönen Tagen und gibt Chong-Ok Bescheid, dass sie das Essen gemacht hat und sie mit den Kindern zu ihr kommen soll. Wenn sie nicht hingeht, schickt Suna eins der Kinder, um sie abzuholen. Wenn sie dann noch nicht mitgeht, kommt Suna selbst und bringt das Essen mit.

Die Tür wird energisch aufgeschoben und Suna steht plötzlich da. Sie fragt, was Chong-Ok denn da mache. Chong-Ok räumt rasch die Flasche beiseite. Sie macht auch die Zigarette aus.

„Rauch nicht so viel! Du solltest lieber etwas essen. Wenn eine allein stehende Frau in diesem Dorf lebt, muss sie auf ihr Verhalten achten. Es wäre gut, wenn du den Leuten keinen Anlass geben würdest, über dich zu tratschen."

Das mitgebrachte Essen schmeckt gut. Wie die Mäuschen werden die Kinder angelockt. Rasch verbreitet sich der Duft des guten Essens, ein Hauch von Glück. Es freut Suna, dass ihre geringe Mühe eine ganze Familie glücklich machen kann. Sie tut das gern. Lächelnd betrachtet sie Chong-Oks Kinder. Dann schaut sie besorgt zu ihrer Freundin hinüber, und diese sagt entschuldigend und ganz ehrlich: "Irgendwann werde ich auch noch so wie du."

Suna glaubt das nicht. Die Kinder haben alles aufgegessen und die beiden größeren sind in das Schulzimmer zum Fernsehen gegangen. Nur der Zweijährige, der sowieso nichts verstehen würde, bleibt bei ihnen. Da sagt Suna: „Das ist doch kein Leben, wenn du immer nur mit den Kindern allein bist. Da macht das Kochen auch keinen Spaß. Du solltest heiraten. Im Haus muss ein Mann sein, besonders hier auf dem Land."

„Kann ja sein. Aber ich hab drei Kinder. Das reicht mir schon."

„Auf dem Land lebt es sich nicht einfach für eine allein stehende Frau. Achte mal darauf, wie misstrauisch die Nachbarn immer schauen. In einem Dorf hat man es schwer."

„Wer lebt denn hier allein? Wir sind doch zu viert. Ich bin schließlich nicht zum Spaß aufs Land gezogen. Ich plage mich doch von früh bis spät ab."

„Das meine ich doch. Wozu rackerst du dich so ab? Mach dir's doch bequem. Du wolltest doch immer schreiben. Ihr braucht einen Ernährer."

„Ich werde uns vom Schreiben ernähren. Da sind ja auch noch die Hühner und der Gemüsegarten. Zurzeit geben wir kaum Geld aus. Mit deiner Hilfe natürlich."

Suna ist enttäuscht, dass ihr Rat auf taube Ohren stößt. Dennoch hat Chong-Ok es ihrer Freundin zu verdanken, dass sie auf dem Land hat Zuflucht finden können. Mit drei Kindern, darunter fast noch ein Säugling, lebte sie allein an diesem entlegenen Ort. Suna und Chong-Ok waren keine Nachbarskinder, waren aber hier in der Nähe in dieselbe Grundschule gegangen. Danach fanden sie in Pusan in einer Schuhfabrik Arbeit und besuchten gemeinsam das Abendgymnasium. In dieser Zeit hatte Suna ihren Mann kennen gelernt, der auch hier zu Hause war, obwohl sie ihn vorher nicht gekannt hatte. Es geschieht nicht häufig, dass man in der Fremde Landsleuten begegnet. Sie heirateten und kehrten in die Heimat zurück, haben inzwischen zwei Kinder und führen ein zufriedenes Leben.

Unterdessen hatte Chong-Ok einen Mann aus Pusan geheiratet. Er war ein richtiger Großstädter, der dort geboren und aufgewachsen war. Sein Vater war Lastwagenfahrer gewesen. Aber die Lizenzgebühren und Versicherungsprämien überstiegen seine Einnahmen, so dass er Schulden machen musste, die er schließlich durch den Verkauf des Lasters zurückzahlte. Jetzt war er schon seit zwanzig Jahren arbeitslos. Seine

Mutter arbeitete seit dieser Zeit als Angestellte in einer Gaststätte für die Händler auf dem Fischmarkt. Chong-Oks Mann war der älteste von sieben Geschwistern. Sie vermutete, dass er sich als Städter noch nie die Hände schmutzig gemacht hatte und es seinen Eltern verübelte, dass sie so arm waren. Als Erwachsener verlagerte sich sein Hass auf die Gesellschaft. Das war der Grund, warum sie sich von ihm hatte scheiden lassen. Anstatt ehrlich zu arbeiten, hatte er es darauf abgesehen, einen großen Coup zu landen.

Mit zwanzig hatten Chong-Ok und Suna auf derselben geselligen Veranstaltung ihre Männer kennen gelernt, Suna den Mann vom Land und Chong-Ok den Mann aus der Großstadt. Das hatte ihr Schicksal entschieden, glaubte Chong-Ok. Die ersten zehn Jahre war das Leben an der Seite dieses Arbeiters erträglich. Als er die Dreißig hinter sich hatte, veränderte er sich. Er hielt es nicht mehr für nötig, fleißig zu sein. Abends trank er und kam erst nachts nach Hause, stand spät auf, kam zu spät zur Arbeit oder ging gar nicht hin. Schließlich wurde ihm gekündigt. Gleich nach der Geburt des dritten Kindes begann er, sie zu schlagen. Das war der Auslöser für die Scheidung. Oft lassen gesellschaftliche Versager ihren Ärger an ihren Frauen aus, und es erschütterte sie, dass sie nun selbst eine dieser misshandelten Frauen sein sollte. Daher hatte sie sich mit Suna und deren Mann als Zeugen scheiden lassen. Ihr Mann hatte sogar erleichtert gelächelt, weil er die Verantwortung für seine Familie so einfach los wurde. Chong-Ok hatte sich Sorgen gemacht, er werde nicht in die Scheidung einwilligen, so dass sie für sein hämisches Lächeln sogar noch dankbar war. Wenn sie so darüber nachdachte, war das Leben nicht leicht, auch wenn die armen Leute zusammenhielten. Aber oft stritten sie sich eben auch. Erst nach der Scheidung empfand sie gelegentlich Mitleid mit ihrem Mann.

Im Dorf gibt es außer Chong-Ok noch zwei Familien, die aus der Stadt gekommen sind. Die eine Familie besteht aus Sunas Nachbar und seinen zwei kleinen Kindern. Die Frau ist ihm weggelaufen, als er arbeitslos wurde. Dann gibt es noch einen jungen Mann, der mit seinem Neffen – er mag auch sein Sohn sein – schon vor Chong-Oks Ankunft in eine etwas abgelegene Lehmhütte gezogen ist. Die Hütte stand leer, weil der Besitzer sich auf die Suche nach seiner getürmten Frau gemacht hatte. Man könnte denken, die Welt sei voll von arbeitslosen Männern, deren Frauen sie im Stich gelassen haben. Letzten Samstag hat sie so etwas auch in der Fernsehsendung „Ein besseres Leben" gesehen. Überall scheint es solche Familien zu geben. „Mutti, komm schnell zurück!" „Die Kinder brauchen dich! Melde dich, sobald du die Sendung gesehen hast", appellierte eine in Tränen aufgelöste Alte an ihre Schwiegertochter. Chong-Ok gehen solche Szenen auf die Nerven, denn in der Sendung werden diese Frauen immer schlecht gemacht. Es wird überhaupt nicht versucht, ihre Lage zu verstehen. Die Lösung wird ausnahmslos darin gesehen, dass sie zu ihrer Familie zurückkehren. Was ändert sich aber dadurch? Wie sollen sie auf dem Land allein für die Kinder und die Alten sorgen? Wie sollen sie die schiefen Blicke der Leute ertragen, wenn sie zurückkehren?

Hinter dem Berg liegt das Haus ihrer verstorbenen Eltern. Aber dorthin zurückzukehren würde ihr zu viel Mut abverlangen. Die Heimat ist besser als die Fremde, aber das gilt nur für erfolgreiche Leute. Als Chong-Ok ihrer noch dort lebenden alten Tante ihren Wunsch mitgeteilt hatte, ins Elternhaus zurückzukehren, hat diese sich empört: „Als geschiedene Frau willst du hier bei uns auftauchen? Willst du uns zum Gespött der Leute machen? Geh dorthin, wo dich keiner kennt! Wenn du die Kinder nicht hättest, müsstest du dich umbringen." An eine Rückkehr in ihr Elternhaus war also nicht zu denken, so dass sie in die Nähe ihrer Freundin Suna zog. Ohne Wissen ihres Mannes hatte sie bei einer Provinzzeitung einen literarischen Wettbewerb für Nachwuchsautoren gewonnen. Das war der entscheidende Grund, warum sie von der Stadt aufs Land gezogen war. Am Tag der Scheidung war ihr plötzlich abends ganz klar aufgegangen, was sie schon seit langem mit sich herumgetragen hatte, nämlich dass sie Schriftstellerin werden und sich davon ernähren wollte. Auf dem Land lebte es sich viel günstiger. Es war wie eine plötzliche Offenbarung. Suna hatte sie darin natürlich am meisten unterstützt. Sie wählte nur die allernotwendigsten Dinge aus, packte sie zusammen und zog in die geschlossene Schule, die Suna für sie gefunden hatte. Von der Schriftstellerei leben zu wollen war zwar gewagt, aber die Idee hatte es ihr angetan. Es war ihre letzte Chance, und sie wollte alles auf eine Karte setzen.

Das war im letzten Sommer gewesen. Wie es ihr in dem einen Jahr ergangen ist? Suna, die ihre hochfliegenden Pläne so stark unterstützt hatte, gab als Erste auf. Jedes Mal, wenn sie kam, pflegte sie zu fragen, ob Chong-Ok einen Auftrag erhalten habe. Aber es gab keinen. Trotzig sagte sie: „Ich schreibe doch nicht auf Bestellung."

„Hast du denn jemanden, der dir für deine Texte Geld gibt?"

„Noch nicht."

„Wovon willst du leben, wenn es keinen Auftrag gibt und niemand dich bezahlen will?"

„Ein Weilchen mach ich so weiter. Dann such ich mir eine Arbeit."

„Musst du dann nicht wieder in die Stadt ziehen?"

„Das kommt nicht in Frage!"

Von da an begann Suna, mit ihr über das Thema Heirat zu sprechen. Chong-Ok ignorierte das einfach. Sie hätte einiges dazu sagen können, behielt es aber für sich. Wenn Suna so daherredete, wollte sie nicht preisgeben, welche vitale Kraft sie innerlich erfüllte. Ihre Einsamkeit, ihre Armut, die Quelle dieser Kraft, die sie an diesen Ort gebracht hat.

„Wieso hat eigentlich der Klempner, den ich gestern bestellt habe, noch nichts von sich hören lassen? Er ist wirklich unzuverlässig. Wenn er so weitermacht, geht er Pleite. Unglaublich, diese Faulheit! Der Elektriker hat Bescheid gegeben, dass es zwischen den beiden Ortsteilen einen Erdrutsch gegeben hat, so dass er wieder umkehren musste. So gehört sich das für einen Handwerker!" Chong-Ok redet immer wirrer vor sich hin, denn sie hat sich nicht mehr ganz unter Kontrolle.

„Die Straße ist unbefahrbar? Dann muss ich es melden. Im Bezirksamt. Aber welche Abteilung? Katastrophenschutz sicher. Sind die nicht dafür zuständig?" Sie hebt den Hörer ab: „Hallo? Geben Sie mir die Abteilung Katastrophenschutz im Bezirksamt! Ich wohne in der alten Schule in Ober-Hanbaemi am Somjin-Fluss. Ich möchte einen Erdrutsch melden. Die Straße zwischen Ober- und Unter-Hanbaemi ist unterbrochen. Wie bitte? Wann das passiert ist? Ich bin nicht sicher.

Letzte Nacht wohl. Gegen eins gab es ein dumpfes Geräusch und der Strom war plötzlich weg. Du meine Güte. Die Handwerker kommen nicht durch. Wenn das nicht bald in Ordnung gebracht wird, erfrieren wir hier noch."

„Heute um 1.00 Uhr. Ich notiere Ihre Meldung. Gedulden Sie sich ein wenig."

„Vielen Dank. Ich verlass mich auf Sie."

Die geschlossene Schule besteht aus der von Chong-Ok benutzten Dienstwohnung, dem als Abstellraum für die aus der Stadt mitgebrachten Haushaltsgegenstände dienenden Klassenzimmer sowie dem winzigen Schulhof mit dem Hühnergehege und dem Aprikosenbaum in der Ecke. Vor zwei Tagen ist der Strom für die Dienstwohnung mit einer Küche und zwei Zimmern mit Fußbodenheizung ausgefallen. Stimmt nicht. Seit gestern Nacht ist erst ein Tag vergangen. Man muss die Dinge richtig stellen, sonst passiert etwas Schlimmes. Plötzlich muss sie lachen. Worte und Verhalten sollte man auf der Stelle korrigieren, wenn das erforderlich ist, sonst könnte es noch mal zu so etwas wie der Kaki-Affäre kommen. Wenn sie daran denkt, spürt sie wieder den Stress und bekommt einen Niesanfall.

Im letzten Herbst, schon fast an der Schwelle zum Winter, hatte sie mit den Kindern einen Ausflug in die Berge gemacht. Er hatte einen bestimmten Zweck. Am Tag zuvor hatte sie einen Kakibaum entdeckt, als die beiden Großen in der Schule waren und sie mit dem Kleinen auf dem Rücken von einem Spaziergang zurückkam. Im Tal gab es hier und da noch vereinzelte Kakibäume mit Früchten daran, obgleich schon gelegentlich Schneeregen gefallen war. „Oh, Kakis", sagte sie und hatte am folgenden Tag, einem Sonntag, den Kindern Säcke in die Hand gedrückt, um die Kakis pflücken zu gehen. Sie hatte nicht daran gedacht, dass diese Kakibäume mitten im Wald an einem steilen Hang einen Besitzer haben könnten, da sie bis dahin nicht abgeerntet waren. Die Säcke waren schnell gefüllt.

Viele Früchte waren vom Schnee aufgeplatzt, aber es waren genug, dass die Kinder sich daran satt essen konnten. Angesichts ihres plötzlichen Reichtums war sie mit ihrer Beute triumphierend heimgekehrt. Am Abend kam Suna zu Besuch und fragte, ob sie vielleicht am Berg Kaki gepflückt hätte, was sie bejahte. Suna verzog das Gesicht und forderte sie auf, sich sofort bei dem Besitzer zu entschuldigen. Der alte Bauer würdigte sie keines Blickes, hielt ihr in herrischer Pose eine lange Predigt, die für Chong-Ok darauf hinauslief, sie habe sich mit den Kindern an fremdem Gut vergriffen, sei also eine Diebin. Wäre es nicht für beide Seiten besser gewesen, er hätte einfach Geld für das Obst verlangt? Da Chong-Ok die Tirade kaum noch ertragen konnte und sich auch sagte, er rede nur um den heißen Brei herum und wolle im Grunde nur das Geld, fragte sie ihn unvermittelt, was er für das Obst haben wolle. Das saß. Der hagere Bauer, der seine ausführliche Moralpredigt in stolzer Würde auf sie hatte herabregnen lassen, verlor plötzlich die Fassung und brüllte: „Wenn du mir so kommst, na gut, fünfzigtausend Won!" ‚Was, so viel für drei Beutel Kakis?' Davon konnten sie zu viert einen Monat leben. Ihr kamen die Tränen und es würgte sie, nicht weil der Besitzer fünfzigtausend Won verlangte, sondern weil ihr bewusst wurde, wie wenig sie zum Auskommen hatten. Sie ging zu Suna und erkundigte sich, ob das ein angemessener Preis sei. Suna meinte das zwar nicht, aber wenn man den seelischen Schaden für den Besitzer mitrechne, könne eine solche Summe wohl zustande kommen. Chong-Ok hatte sich in Gegenwart des Alten sehr zusammennehmen müssen, platzte jetzt aber der an allem unschuldigen Suna gegenüber heraus, was für ein seelischer Schaden denn verdammt noch mal entstanden sei. Suna entgegnete kühl, der Preis sei vielleicht nicht zu hoch, wenn Chong-Ok dafür im Dorf Fuß fassen könnte. Das sei mit Geld ohnehin nicht zu bezahlen. „Auch wenn er das Doppelte verlangt, kannst du nichts machen, denn du hast die Kakis schließlich ohne Erlaubnis gepflückt." Weil Suna sich benahm, als sei sie die Tochter des Besitzers, fühlte Chong-Ok sich von der Freundin verraten. Sie ging aber doch auf deren Worte ein und suchte den Bauern noch einmal auf. „Sie möchten fünfzigtausend Won für die Kakis haben, aber ich kann so viel Geld beim besten Willen nicht aufbringen. Wenn Sie mir diesmal verzeihen, wird es nie wieder vorkommen."

So endete die so genannte Kaki-Affäre. Sie hätte sich leicht mit einem falschen Wort in große Schwierigkeiten bringen können, und nicht nur in diesem Fall hatte ihr ein richtiges Wort aus der Klemme geholfen.

Dem Beamten zufolge ist der Strom also um 1:00 Uhr ausgefallen, so dass die Heizung nun nicht anspringt. Aber sie hat auch schon vorher nicht mehr funktioniert. Der Blitz hatte eingeschlagen, und alle Elektrogeräte waren auf einmal kaputt. Mit einem Knall hörte der Boiler auf zu brennen, und nacheinander gaben der Computer, die Waschmaschine und der Fernseher den Geist auf. Die Geräte schienen freiwillig oder unfreiwillig in den Generalstreik getreten zu sein. Der Alltag geriet völlig durcheinander. Die mit der Hand gewaschene Wäsche auf der im Raum wie ein Spinnennetz gespannten Leine riecht muffig und ist auch nach zwei Tagen noch nicht trocken. Wenn das blöde Heizgerät wenigstens funktionierte, würde es schon etwas nützen. Ach ja, geht ja nicht! Sie kann sich nur an den Kopf fassen. Alles hängt ja vom Strom ab. Wie kann sie das nur zum zweiten Mal vergessen? Sunas Mann hat eine Weile am Sicherungskasten herumgefummelt, dann aber aufgegeben, so dass ihr jetzt nichts übrig bleibt, als auf den Elektriker zu warten. Am Klang der Schritte erkennt sie, dass Suna kommt. Plötzlich ist sie wieder ganz nüchtern und hellwach. Suna mustert die Wäsche, dann Chong-Ok, die fürchtet, dass sie ihren Zustand bemerkt, und stellt lakonisch fest: „Du bist also aus der Dienstwohnung ins Klassenzimmer umgezogen, wie?"

Am besorgten Ausdruck und ihrem ernsten Tonfall spürt sie, dass Suna wieder vom Heiraten anfangen wird. Da sie nichts mehr davon hören und ihrer Freundin beweisen will, dass auch sie eine gute Mutter ist, holt sie die Süßkartoffelstängel, die sie von der alten Nachbarin hat, und schält sie für das Abendessen.

„Was ich noch sagen wollte, da ist doch unser Nachbar mit den beiden Kindern."

Es macht Spaß, wenn die Schale der Stängel gleich ganz abgeht. Aber das kommt bei zehn Stängeln nur einmal vor. Meistens reißt sie in der Mitte. So sehr sie sich auch darauf konzentriert, es will ihr nicht recht gelingen. Sunas ernste Stimme stört sie mehr als sonst.

„So schält man die Stängel doch nicht. Du machst das falsch! Schau mal. Zuerst musst du die Blätter abbrechen und dann die Schale ganz leicht abziehen, ohne Kraftanstrengung. Schau, so reißt sie nicht."

„Du bist ja eine Künstlerin! Bei einem Wettbewerb würdest du glatt den ersten Preis bekommen."

„Lenk nicht immer ab und hör mal zu! Dieser Mann da. Die Wäsche macht er jedenfalls hervorragend. Ich hab mich gewundert, wie weiß die Unterhosen auf der Leine sind. Phantastisch!"

„Glaubst du, er wäscht nur gut? Er kocht und putzt auch hervorragend."

„Aha, das hast du also auch festgestellt. Die Männer im Dorf sind meistens so schlampig. Mein Mann war in der Stadt recht adrett, aber seit wir auf dem Land wohnen, läuft er wie der primitivste Bauer herum."

„Dein Nachbar ist noch kein Jahr da, warte es mal ab!"

„So einer ist das nicht. Das ganze Haus ist blitzblank. Schau dir mal die Toilette an. So etwas hab ich auf dem Land noch nie gesehen."

„Seit wann benutzt du fremde Klos?"

„Nur so. Ich hab ihn als allein stehenden Mann lange nicht besucht, aber so sollte das unter Nachbarn doch nicht sein. Ich bin also hingegangen und habe sogar das Klo besichtigt. Bei dem ist das Klo gemütlicher als bei uns das Wohnzimmer. Du glaubst es nicht. Da ist mir erst aufgegangen, wie angenehm Sauberkeit ist. Seitdem sehne ich mich jedes Mal nach dem tollen Klo, wenn ich muss."

Suna versucht, Chong-Ok zum Lachen zu bringen, und erzählt ihr allerlei Nichtigkeiten, aber diese geht nicht darauf ein und schabt mit noch größerem Eifer ihre Kartoffeln.

„Sei doch nicht so störrisch! Ich habe zu Hause Kartoffelschälmesser. Ich hab dir doch gesagt, du kannst eins haben."

„Ich weiß auch, dass es solche Messer gibt. Aber mir macht es Spaß, die Kartoffeln mit dem Löffel zu schrappen."

„Du hast es nur noch nicht ausprobiert. Du machst dir immer alles so schwer."

„Die Menschen sind eben verschieden."

„Wie dem auch sei. Der Mann hat in Seoul irgendetwas mit Elektrizität zu tun gehabt. Soll ich ihn nicht mal rufen? Aber du musst natürlich einverstanden sein. Darum bin ich gekommen."

Die letzten Worte spricht sie ungewöhnlich sachlich.

„Seit wann brauchst du einen Grund um vorbeizukommen? Wenn der Mann was von Elektrizität versteht, bring ihn her!"

Suna geht beschwingt fort. Bald kommt sie mit dem Nachbarn, diesem Wunder an Sauberkeit, zurück. Für einen Elektriker hat er außergewöhnlich gepflegte Hände und lange Finger. Der Anblick lässt sie erschaudern. Suna will sich charmant geben und plaudert munter drauf los.

„Ich vermute, dass der Strom irgendwo unterbrochen ist. Rufen Sie einen Elektriker, wenn es nicht mehr regnet, und lassen Sie neue Kabel installieren."

Der Witwer entschuldigt sich, dass er mit seiner Kunst den Schaden nicht reparieren kann, und lächelt verlegen.

„Ich habe den Elektriker schon bestellt, aber wegen des Erdrutsches musste er umkehren."

„Dann verabschiede ich mich."

Hinter seinem Rücken gibt Suna Chong-Ok ein Zeichen, dass sie ihn nicht gehen lassen soll, sonst bekäme sie Ärger mit ihr. Darum sagt sie: „Wollen Sie nicht einen Moment hereinkommen, wo Sie schon einmal da sind?"

Hemmungen hat er nicht und sagt ohne jedes Zögern: „Meinetwegen."

Suna verteilt schnell die Sitzkissen, als sei sie die Hausherrin.

„Ich kann Ihnen gar nichts anbieten. Vielleicht ein Glas Aufgesetzten?"

Der Mann winkt energisch ab.

„Ich trinke nicht. Mit Alkohol hab ich nichts im Sinn."

„So schlimm ist das doch nicht."

„Doch. Meine ganze Familie ist durch Alkohol ruiniert worden."

Suna stellt die Flasche, aus der Chong-Ok einschenken wollte, mit einem vielsagenden Blick wieder fort. Der Mann geht, ohne sich umzuschauen.

Es ist nicht nach Sunas Wunsch gegangen, und die Chance ist verspielt. Jetzt kann sie wenigstens nicht mehr von der Heiraterei anfangen. Aber Suna sagt: „Wenn es so ist ..."

„Hast du noch einen auf Lager? Bring ihn nur her. Ich werde schon mit ihm fertig werden."

„Da drüben in dem einzelnen Gehöft mit Viehzucht gibt es einen jungen Mann, der gern trinkt."

„Na und?"

Sie muss lächeln bei der Vorstellung eines so junges Mannes.

„Das Alter spielt doch heute keine Rolle. Ein Mann und eine Frau, was willst du mehr?"

Auch Suna scheint der Altersunterschied aufgefallen zu sein.

„Du brauchst ihn nicht extra zu holen. Ich will ihn sowieso morgen treffen und mit ihm in die Stadt fahren."

„So? Das trifft sich ja gut. Warum hast du mir nichts davon gesagt, dass ihr euch schon so gut kennt?"

Suna wirft ihr einen verschwörerischen Blick zu.

„Wir haben dort zu tun. Wir müssen zur Schulbehörde. Deine Kinder bekommen Fahrgeld, aber meine und sein Sohn oder sein Neffe, nicht. Wir wollen uns deswegen erkundigen."

„Hast du in der Schule nicht nachgefragt?"

„Natürlich. Ich habe x-mal telefoniert und bin auch da gewesen, aber sie sagen, sie seien nicht zuständig."

„Das Fahrgeld sind doch kleine Fische. Schämst du dich nicht, so arm zu erscheinen?"

Wenn Suna so etwas sagt, hält Chong-Ok am besten den Mund. Was nützt es, Andersgesinnte zu verärgern? Sie könnte ihn morgen vielleicht nicht antreffen. Darum macht sie sich nach dem Abendessen zu seiner Lehmhütte auf, um zu fragen, ob er Zeit hat. Von weitem sieht sie das Licht, also ist jemand dort. Als sie klopft, öffnet der junge

Mann, der mit seinem Neffen herumgetobt hat. Er macht einen ungewaschenen Eindruck. Da sie mit einem Blick die Unordnung im Innern gesehen hat, möchte sie nicht hineingehen. Das ist die mindeste Rücksicht und Höflichkeit gegenüber den Armen, deren Stolz man nicht verletzen sollte. Der Mann fordert sie auch nicht zum Hereinkommen auf. Obgleich sie nicht weit voneinander entfernt wohnen, hat sie ihn erst ein Mal im Frühjahr gesehen. Sie schaut absichtlich zu den Ställen hinüber und erklärt, warum sie gekommen ist: „Wir haben uns mehrmals bei der Schule erkundigt, aber keine ordentliche Antwort bekommen. Bald beginnen die Sommerferien. Wir sollten die Fahrgeldfrage vorher klären. Morgen ist Markttag. Wie wär's, wenn wir dann zusammen bei der Schulbehörde vorbeigingen?"

Von ihren Kindern hat Chong-Ok erfahren, dass der junge Mann mit dem Direktor der Schule einen großen Streit hatte, so dass sie sich sehr vorsichtig ausdrückt.

„Ich denke auch, wir könnten es einmal gemeinsam versuchen. Bis jetzt hatte ich zu viel zu tun."

„Gut. Morgen ist ja auch Markt. Brechen wir auf, wenn die Kinder zur Schule gehen."

„Abgemacht."

Als sie nach Haus kommt, sitzen die beiden Mädchen beim Schein der Karbidlampe und schluchzen bitterlich.

„Was ist denn los?"

„Tante Suna hat gesagt, du willst wieder heiraten. Was soll dann aus uns werden?"

„So ein Unsinn! Gehen wir schlafen."

Da sie mit den weinenden Kindern nicht schimpfen kann, ist es das Beste, zu schlafen, um sich zu beruhigen.

Am nächsten Morgen wird sie von irgendeinem Geräusch geweckt, und als sie die Augen öffnet, knallt die Sonne strahlend vom Himmel. Die Hühner, die mehrere Tage zitternd unter dem Aprikosenbaum zugebracht haben, laufen munter umher. Sie findet es zwar bedauerlich, dass sie heute ein paar von ihnen auf dem Markt verkaufen muss, nachdem sie den Regen überstanden haben, aber sie kann es nicht ändern, da sie ja auch leben muss. Sie fängt drei fette Hühner und stopft sie in einen Karton. Sie hilft den Kindern beim Anziehen. ‚Es genügt, wenn ich mich nur wasche', denkt sie. „Etwas eincremen muss ich mich doch. Die Haut ist ganz rau." Sie erschrickt über ihre eigenen Worte, aber schließlich bleibt es nicht beim Eincremen. Sie pudert sich auch. Danach sehen die Lippen bleich aus wie bei einer Kranken. Sie bittet ihre Tochter freundlich, ihr den zum Spielen entwendeten Lippenstift zurückzugeben. Diese weigert sich, und Chong-Ok bekommt ihn erst, nachdem sie ihr eine gelangt hat. Die Tochter wirft ihr weinend einen vorwurfsvollen Blick zu, und Chong-Ok tröstet sie: „Ich lasse euch doch nicht im Stich, du Dummerchen." Dabei malt sie sich die Lippen rot.

Sie hat viel Zeit vergeudet und muss sich jetzt beeilen. Zu ihrer noch weinenden Tochter sagt sie, der Wind werde die Tränen beim Laufen trocknen, schickt die beiden Großen voraus, schnürt sich den Kleinen auf den Rücken, setzt sich den Karton mit den Hühnern auf den Kopf und dann endlich macht sich die allein stehende Mutter Chong-Ok auf den Weg. Nach dem langen Regen strahlt die helle Sonne auf die vier herab.

Bei dem Erdrutsch haben sich die Dorfbewohner mit Schaufeln versammelt. Den Aufruf zu Gemeinschaftsarbeiten hat sie nicht gehört. Dann ist das Geräusch am Morgen wohl der Gemeindegong gewesen. Ihre Aufmachung ist ihr etwas peinlich. Während alle Bewohner zur Arbeit angetreten sind, geht sie in die Stadt. Ohne dazu aufgefordert zu sein, geht sie zum Bürgermeister, um sich zu rechtfertigen: „Ich habe gestern im Bezirksamt eine Meldung gemacht. Man wird von dort bestimmt Leute schicken, so dass wir uns nicht darum zu kümmern brauchen."

„Ach so, Sie sind das also. Die haben uns Bescheid gesagt, eine Betrunkene hätte angerufen. Es wäre schon schlimm genug in nüchternem Zustand anzurufen, aber eine betrunkene Frau macht uns zum Gespött. Sie kennen unser Dorf wohl nicht. Wir haben unsere Angelegenheiten noch nie anderen überlassen."

„Wieso ist die Bezirksverwaltung jemand anders? Die Reparaturarbeiten hier werden doch nicht aus der Tasche der Beamten bezahlt, sondern mit unsern Steuern."

„Wieso sollten wir eine Meldung machen, wenn wir alle in Gemeinschaftsarbeit die Sache selbst erledigen können? Was spielen Sie sich auf und mischen sich ungefragt in etwas ein, wovon Sie nichts verstehen, Frau? So leben wir auf dem Land nicht! Die Städter schreien bei jeder Gelegenheit nach den Beamten. Wir hier sind anders. Wenn Sie hier leben wollen, müssen Sie diese Denkweise ändern, sonst..."

Die Hitze steigt ihr ins Gesicht. Sie hat die Peinlichkeit der Kaki-Affäre fast vergessen, aber jetzt tritt der alte Bauer auf den Bürgermeister zu und setzt mit scharfen Worten noch eins drauf: „Nicht nur das müssen Sie ändern. Auch alles mit Geld lösen zu wollen, sollten Sie aufgeben. Sie müssen sich gewaltig ändern!"

Wenn Sie noch länger dort stehen bliebe, würde sie zu weinen anfangen. Jetzt ist ihr klar, dass Sunas Heiratsempfehlung so falsch nicht war.

„Wir verlangen von Ihnen keine Arbeit, aber bringen Sie auf dem Rückweg Reiswein für uns mit. Das können Sie als Mitbewohnerin unseres Dorfes doch wohl tun, oder?"

Zum Einverständnis nickt sie nur und entfernt sich. Da hört sie die Kinder, die bis dahin friedlich waren, laut zanken.

„Ich hab es schwer genug. Warum blamiert ihr mich vor den Leuten, statt mir zu helfen?"

Die Kinder laufen schnell von der Mutter fort. Schließlich gelangen sie an den Ausgang des Dorfes. Vor dem Lebensmittelgeschäft wartet schon der Mann aus der Lehmhütte mit seinem Neffen. Die Inhaberin Sunim grüßt Chong-Ok.

„Willst du zum Markt?"

Sie hat die Angewohnheit, vor oder nach dem Sprechen wie ein Pferd zu wiehern. Mal klingt es freundlich, mal geht es Chong-Ok so auf die Nerven, dass sie ihr einen Faustschlag versetzen möchte.

„Ja, und ich habe auch sonst noch etwas zu erledigen."

„Was denn?"

Sunims Neugier ist nicht zu bremsen.
„Musst du das unbedingt wissen?"
„Hihi."
„Ich will mit dem Mann da zur Schulbehörde."
„Mit Kapchol?"

Sunim scheint mit ihm gut befreundet zu sein, was Chong-Ok grundlos verstimmt. Sie hat irgendwie das Gefühl, dass Sunim Frauen, die mit Kapchol zu tun haben, verdächtig sind. Sie hat den Mann auch wohl nur deshalb erwähnt, um ihre schlechte Laune an Sunim auszulassen. Chong-Ok hat wohl Recht, denn Sunim wirft einen misstrauischen Blick auf ihr geschminktes Gesicht.

„Du hast dich heute aber hübsch zurechtgemacht."

„Ach so, mein Make-up? In der Schulbehörde kann ich doch nicht als Bäuerin erscheinen, aber mir ist mörderisch heiß."

„Stimmt. Die Beamten behandeln Leute mit bäurischem Aussehen von oben herab. Kapchol, du solltest dich auch waschen und etwas fein machen. Wie siehst du denn aus? Warte mal, zieh das Hemd aus! Ich habe neulich eins für dich gekauft."

Nachdem Sunim gegangen ist, um das Hemd zu holen, kommt der Bus. Als er schon wieder anfährt, kommt Sunim atemlos zurück gelaufen und schwenkt ein buntes Hemd.

„Sie hätten auf das Hemd warten sollen."

„Ach was! Es wird schon gehen."

„Sie hat es doch gut gemeint."

Kapchol reagiert nicht und darum schweigt Chong-Ok ebenfalls. Die Kinder sind vor der Schule ausgestiegen, und sie fahren weiter in die Stadt.

Sie überlegt, was sie mit dem Hühnerkarton machen soll, nimmt ihn einfach unter den Arm, und sie betreten zögernd das Büro. Draußen ist es heiß wie in einem Dampftopf, aber drinnen laufen mehrere Ventilatoren und verschaffen Kühlung.

Chong-Ok wendet sich höflich an den Inspektor, der sie in der alten Schule mehrmals aufgesucht hat.

„Ach, ausgerechnet heute wollte ich mit dem Direktor der Hauptstelle vorbeikommen, und nun sind Sie hier."

Er zeigt auf ein Schild: „Unbefugtes Betreten der Schule verboten. Zuwiderhandelnde müssen für etwaige Schäden aufkommen und werden bestraft."

„Wie bitte? Das soll an unserm Haus angebracht werden?"

„Wir haben Anweisung von oben. Da ist nichts zu machen."

„Dann muss ich jedes Mal eine Erlaubnis des Direktors haben, wenn ich ins Haus will?"

„Wir führen nur die Anweisung von oben aus. Mehr kann ich Ihnen nicht sagen. Aber was führt Sie her?"

Chong-Ok trägt ihr Anliegen vor. Der Inspektor bringt sie zu irgendeinem Abteilungsleiter. Der sagt, er habe noch zu tun, und deutet auf das Sofa. Sie nehmen also Platz, und als er von seinem Gang zurückkommt, sagt er übergangslos: „Sie hätten in dieser Sache nicht persönlich herzukommen brauchen."

„Ich habe mich mehrfach bei der Schule erkundigt, aber dort sagte man, ich solle mich an die Schulbehörde wenden."

„Die Behörde kann doch nicht bei jeder Anfrage ein persönliches Gespräch mit den Eltern führen. Da Sie nun aber mal da sind, muss ich Ihnen sagen, dass wir bislang keine Anweisung bezüglich des Fahrgeldes für Schüler bekommen haben, die nach der Schließung der Schule zugezogen sind. Mehr kann ich Ihnen auch nicht sagen."

„Auch nicht, wenn ich schon vor einem halben Jahr einen Antrag gestellt habe?"

„Jedenfalls ist das gesamte Budget schon verplant. Für das kommende Halbjahr könnte es vielleicht klappen. Wir können doch nicht Fahrgeld für erst später zuziehende Schüler einplanen. Ist es nicht eigentlich Aufgabe der Eltern, das Fahrgeld für ihre schulpflichtigen Kinder zu übernehmen? Schüler, die gezwungenermaßen die Schule wechseln mussten, können einen Fahrgeldzuschuss bekommen. Aber wenn Leute, die trotz der Schließung der Schule freiwillig in das Gebiet gezogen sind, die Schulbehörde verantwortlich machen wollen, ist das doch wohl eine übertriebene Forderung. Objektiv gesehen sind die Eltern, die in ein Gebiet ohne Schule ziehen, daran Schuld, wenn ihre Kinder einen so weiten Schulweg haben, nicht die Schulbehörde."

„Das kann doch wohl nicht Ihr Ernst sein! Wenn Eltern sich also verantwortungsvoll verhalten wollen, dürfen Sie in ganz Korea nirgends hinziehen, wo eine Schule geschlossen wurde? Wenn man Sie so reden hört, sollte man meinen, dass wir durch unseren Umzug Ihren ohnehin schon arbeitsreichen Tag über die Maßen strapazieren."

„Wie können Sie es wagen..."

„Hab ich etwa nicht Recht? Wenn ein Schüler Ihrem Bezirk zuzieht, denken Sie nur an die Mehrarbeit. Sie zeigen doch keinerlei Interesse an der Bildung der Kinder. Und so etwas wie Sie verdient sein Geld als Schulaufseher? Sie sollten sich über jeden neuen Schüler freuen, aber das ist Ihnen wohl überhaupt noch nicht eingefallen."

„Sind Sie jetzt endlich fertig? Mir reicht es nämlich!"

„Mit Ihnen rede ich nicht weiter. Ich werde mich direkt an Ihren Chef wenden!"

Und warum macht mein Begleiter den Mund überhaupt nicht auf?

„Was ist denn los?"

„Ich bin kein guter Redner."

„Ihnen fehlt die Erfahrung. Wenn Sie mit wenig auskommen müssen, können Sie es bald so gut wie ich."

Das Büro des Chefs liegt im ersten Stock. Sie kann den Hühnerkarton schlecht mit hineinnehmen, stellt ihn also im Flur ab und öffnet schwungvoll die Tür.

Hier ist es nicht nur kühl wie unten, sondern fast kalt. Der Amtsleiter bietet Chong-Ok und Kapchol einen Platz auf dem Sofa an und schickt seine Sekretärin, um Tee zu holen. Es ist ein recht bequemes Sofa.

„Ich stehe Ihnen zu Diensten. Aber trinken Sie erst einmal den Tee und beruhigen Sie sich."

Der Leiter behandelt sie ganz anders als sein Untergebener. Der Tee ist heiß. Schöner, heißer Tee, den man an einem heißen Sommertag in einem kühlen Raum trinken kann. Das lässt man sich gefallen. Bei der freundlichen Behandlung regt sich Chong-Ok allmählich ab, und ihre Stimme ist wieder ausgeglichen. Über der Tasse Tee tut es ihr fast Leid, dass sie unten so ein Geschrei gemacht hat. Der Chef lässt den Abteilungsleiter kommen, dessen Wut sich aber noch nicht gelegt hat.

„Herr Kim, entschuldigen Sie sich bei den Eltern. Übrigens, was hat Sie in unsere Gegend geführt?"

„Ja, nun... wie soll ich sagen? Das Schreiben."

„Ach ja? Was schreiben Sie denn?"

„Einen Roman."

Der Leiter ist überrascht und wendet sich Herrn Kim zu, dessen Entschuldigung noch aussteht: „Nun entschuldigen Sie sich schon bei der Frau Schriftstellerin! Ich habe in jungen Jahren auch geschrieben. Essays. Sie müssen hier irgendwo sein, Moment mal. Sie sind zwar nichts Besonderes, aber ich möchte sie Ihnen zeigen."

Während der Leiter noch im Regal nach seinem „Werk" sucht, erhebt sie sich.

„Ihr Werk können Sie mir später geben. Ich gehe erst einmal davon aus, dass die Kinder vom nächsten Halbjahr an das Fahrgeld bekommen. Das wär's dann."

Chong-Ok hat den Raum gut gelaunt verlassen und aus Dankbarkeit will sie dem Leiter ein Huhn schenken. Als sie den Karton öffnet, hört sie von innen: „Herr Kim, wann läuft der Mietvertrag der Frau aus? Verlängern Sie ihn nicht. Wir hätten uns viel Ärger erspart, wenn wir die Schule nicht an sie vermietet hätten. Man muss sich die Leute wirklich ansehen, sonst hat man nur Unannehmlichkeiten."

„In Ordnung."

Sie steht noch wutschnaubend da und überlegt, ob sie wieder hineinstürmen soll, als Kapchol, dessen passives Verhalten sie nervt, explodiert und die Glasscheibe der Tür einschlägt.

„Wenn Worte nicht nützen, muss man handeln. Daran halte ich mich."

Diese Heldentat nutzt das Huhn in Chong-Oks Armen, um in die Luft zu flattern und schleunigst das Weite zu suchen.

Chong-Ok und Kapchol stürzen ihm nach, und die Beamten nehmen die Verfolgung der Missetäter auf, die die Scheibe zertrümmert haben. Die Sonne strahlt unterschiedslos auf Verfolgte und Verfolger herab.

Un Hikyong

Die Schachteln meiner Frau

Zum letzten Mal betrete ich das Zimmer meiner Frau.

Bläuliche Tapeten, ein Sekretär an der Wand, ein Sessel am Fenster, dazwischen ein leichter, schwer definierbarer Duft. Und Schachteln.

Meine Frau hat viele Schachteln. In einer ist ein Tischtuch, das sie eine ganze Jahreszeit lang mit Kreuzstichen, die ihr die Finger zerstachen, bestickte, eine andere ist voll gestopft mit Briefen. Sie sind ganz vergilbt und die Tinte ist ausgelaufen. In den letzten Jahren habe ich nicht bemerkt, dass sie irgendwelche Post bekommen hätte. In einer weiteren befinden sich weiße Babysachen, die eine voreilige Freundin ihr schenkte, als sie erfuhr, dass meine Frau schwanger war. Im dritten Monat hatte sie eine Fehlgeburt und kann nun keine Kinder mehr bekommen.

So hat meine Frau also all diese Dinge aufbewahrt. Die Schachteln enthalten die Verletzungen, die sie in der Vergangenheit erlitten hat. Die Narben an ihren Körpern erinnern die Menschen an ihre Wunden, selbst wenn diese verheilt sind. Meine Frau behielt die Schachteln in der Ecke des Zimmers wie Narben.

Ich öffne die oberste. Eine einfache Kette aus Muscheln liegt darin. Ich erinnere mich. Ich habe sie auf unserer Hochzeitsreise an einem Souvenirstand am Strand gekauft. Ich erinnere mich. Die Tiefe des Meeres in den Augen meiner Frau, ihr helles, perlendes Lachen auf das Meer hinaus, das ich am liebsten in einem Korb gesammelt hätte.

Aber meine Frau ist nicht mehr hier. Ihr Sekretär ist fest verschlossen. Der gelbe Bleistift mit dem Radiergummi, der immer darauf lag, ist verschwunden. Und wie diese Dinge habe ich auch meine Frau fortgeschafft.

Morgen kommen die Packer, werden alles in einer großen Kiste verstauen und sie abtransportieren lassen. Das Zimmer meiner Frau wird es nicht mehr geben. Der Vermieter hat mich gefragt, warum ich ausziehen will, wo der Mietvertrag doch erst in einigen Monaten abläuft.

Was ich denn davon hätte, wo doch die Mieten derzeit so steigen und wieder Maklergebühren fällig werden. Mir fiel keine passende Antwort ein. Erst jetzt ist mir der Grund klar geworden. Ich ziehe aus, weil es zu schmerzlich wäre, hier auf die Rückkehr meiner Frau zu warten. Wenn es ihr Zimmer nicht mehr gibt, erübrigt sich das Warten. Das trifft es noch nicht ganz. Aber ich kann auch nicht tatenlos auf ihre Rückkehr warten.

Wenn ich etwas täte...

Zunächst einmal sollte ich sie verwünschen. Ich sollte ihr nicht vergeben. Meinen Zorn sollte ich schärfen. Ich hätte nie gedacht, dass ich dies rostige Messer gegen sie richten könnte. Dunkles Schmutzwasser fließt daran herab, benetzt den grauen Schleifstein und färbt die Erde. Ich sollte mich daran freuen, wie das Messer silbern funkelt, wenn ich den Wetzstein mit klarem Wasser spüle. Wie könnte ich ihr vergeben?

Langsam gehe ich ans Fenster. Meine Schritte wirbeln den im Raum hängenden merkwürdigen Geruch auf, der mir in die Nase steigt. Ein vor langer Zeit in einer kaputten Schublade versprühtes Mottenpulver oder ein ausländisches Parfüm auf einer Seidenblume. Nach meiner Frau riecht es eindeutig nicht.

Der Sessel meiner Frau steht am Fenster. Außer dem Sekretär ist er das einzige Möbelstück in dem Raum. Zusammengekauert pflegte sie mit angezogenen Knien in diesem Sessel zu schlafen. Wie in der Ruhe des Grabes, meinte sie. Sie glich einer sich an die Rückseite eines Blattes geschmiegten Larve.

Ich erinnere mich an die Nächte, wo sie sich zusammengerollt gegen mich verschloss. „Wir sind verheiratet. Es ist etwas Natürliches, das Spaß macht", sagte ich zu ihr. Dann küsste sie mich auf die Wange und flüsterte: „Wirklich. Ich möchte dir doch gefallen." Aber ihr Körper blieb kalt. Um ihren ausgedörrten Körper geschmeidig zu machen, streichelte ich sanft und ausdauernd ihr Geschlecht. Wenn ich dann in sie eindrang, schmiegte sie sich an meine Schulter und flüsterte kraftlos: „Ich liebe dich." Ihre Augen waren tränenerfüllt. Wie hat sie mir dann so etwas antun können?

Ich gehe in dem kleinen Raum umher. Ich versuche den Linoleumboden ganz mit meinen Schritten auszufüllen. Letzte Woche habe ich meine Frau fortgebracht. Umbringen konnte ich sie nicht, aber am Leben erhalten habe ich sie auch nicht.

Ich komme aus dem Zimmer heraus. Als ich die Türklinke in der Hand halte, bemerke ich, woher der unangenehme Geruch kommt. An der Innenseite der Tür hängt ein verdörrtes Blumengebinde, das diesen modrigen Geruch abgibt. Dunkle Schatten der Zeit, von denen nur noch die Hülle da ist, nachdem die Seele entflogen ist. Getrocknete Blumen. Ein Grab mit dem vagen Duft von Balsam. Ich verlasse das Zimmer. Sie ist nicht dort. Selbst die Hülle meiner Frau ist nun fort.

Wir sind im letzten März in diese Satellitenstadt gezogen. Vorher wohnten wir in einem Apartment im Bezirk Kangnam, wo es eine bekannte Frauenklinik gibt. Die Miete in der neuen Wohnung ist so viel niedriger, dass wir für das gleiche Geld eine Vierzimmer-Wohnung bekamen. Meine Frau war glücklich über ihr eigenes Zimmer. Eine neue Wohnung, saubere Luft. Vor allem gefiel ihr, dass sie die Züge vorbeifahren sehen konnte. Vielleicht war sie besonders froh darüber, dass sie die Klinik nicht mehr aufzusuchen brauchte. Jedenfalls schien es uns, als ob uns die neue Stadt das bieten würde, was wir suchten, nämlich Veränderung und Anregungen.

Anfangs hatte sie verschiedene Pläne für unser neues Leben und die neue Wohnung. Neue Gardinen, neue Pflanzen, neue Regale.

„Wir brauchen Vorhänge. Was meinst du, welche Farbe passen würde?", fragte sie. Ich war gerade dabei, mit der Fernbedienung den Fernsehkanal zu wechseln. Eine Tanzgruppe verschwand auf dem Bildschirm, und ein Mann erschien, der wie ich auf dem Sofa vor einem Fernseher saß. Die Vorhänge im Hintergrund hatten das gleiche Rosenmuster wie das Sofa.

Ich verfolgte weiter die Sendung und drehte meiner Frau nur das Kinn zu. „Wie wär's mit einem Rosenmuster?"

Ich schaltete wieder um, und ein Büro erschien. Ohne weiter nachzudenken änderte ich meine Meinung.

„Wie wär's mit einer einfachen Blende?"

„Nein", sagte sie so entschieden, dass ich zu ihr hinüberschaute. Sie schälte mit gesenktem Kopf einen Apfel, und ich sah nur ihren schmalen Nacken. Ich wandte mich zerstreut wieder dem Fernsehen zu. Nach einer Weile begriff ich ihre barsche Antwort. Sie hasste alles, was sie an ein Krankenhaus erinnerte. Als sie mir aber ein Stück Apfel auf der Obstgabel reichte, war ihrem Gesicht nichts anzumerken. Wir aßen den Apfel und schauten uns wie immer die Spätnachrichten an.

Der Sprecher lachte erleichtert auf und gleichzeitig erschienen oben rechts im Bild die Worte „Endlich Regen!". Er behielt den gleichen Ausdruck bei und verglich den Regen mit den Toren, die es bei dem Länderspiel an jenem Abend gehagelt hatte. Er schaute einmal kurz auf sein Manuskript und sprach im selben Augenblick mit völlig ernstem Ton weiter, worin sich sein Talent als Sprecher bewies. Rechts erschien als Nachrichtentitel: „USA wollen Ära der drei Kims beenden".

„Die Regierung gab kürzlich bekannt, Shin Hyon-Hwack habe auf amerikanische Weisung hin in den 80er Jahren...", ging es ohne Stocken weiter. Wichtiger als der Inhalt selbst schien dem Sprecher die Exklusivität der Nachricht zu sein. Unmittelbar danach erschien einer der drei Kims auf dem Bildschirm und gab das „feierliche Versprechen", er werde ein Umwelt-Präsident sein, aber seine Aussage schien mehr zu implizieren.

Meine Frau sagte: „Alle drei Präsidenten, die ich bisher erlebt habe, hatten diesen überzeugenden Tonfall. Sie wirken wie große Persönlichkeiten." Statt einer Antwort spießte ich das letzte Apfelstückchen auf die Gabel.

Als nächstes wurde über einen Waschbären und einen Kuckuck berichtet. Im Winter waren sie in menschlicher Pflege, wurden aber jetzt im Frühjahr in der entmilitarisierten Zone wieder ausgesetzt.

„Schützt wilde Tiere!" erschien neben dem Maul des Waschbären. Meine Frau redete wieder vor sich hin.

„Ich hab irgendwo gelesen, dass man wilde Tiere im Winter in den Bergen aussetzen sollte. Im Winter gibt es kein Futter. Dann können sie begreifen, dass sie wild sind und sich rasch anpassen. Ich hab gehört, dass ein Amerikaner fast vor Gericht gestellt wurde, weil er eine Ratte getötet hatte. Vielleicht war das vor ein paar Tagen in den Auslandsnachrichten. Jedenfalls tötete der Mann die Ratte, die seine Tomaten im Garten gefressen hatte. Der Tierschutzverein klagte ihn an. Er wurde verhaftet und erst wieder freigelassen, als das Gesetz in Kraft trat, nach dem Tiere, die der Ernte schaden, nicht unter Tierschutz stehen."

Wer kümmert sich schon um eine tote Ratte, dachte ich. Komische Leute, diese Amerikaner. Denen geht es zu gut. Ausgesprochen habe ich das aber nicht, sondern wandte mich dem Börsenbericht zu, der gerade begonnen hatte.

Ich stellte den Fernseher ab und legte mich mit dem Wochenmagazin aufs Bett. Meine Frau spülte noch die Obstteller und kam dann auch ins Bett. Ihre Hände waren kalt. Ich zog sie zu mir und legte sie auf mein Geschlecht. Sie lächelte ein wenig. Ich liebte meine Frau. Ich glaubte, alles von ihr zu wissen.

Sie hatte auf einer Fachhochschule eine Sekretärinnenausbildung gemacht, behauptete aber, alles vergessen zu haben, was sie dort gelernt hatte. Eigentlich hatte sie Kunst studieren wollen. Im letzten Jahr der Oberschule hatte sie ein kleines Studio besucht, um sich auf die Aufnahmeprüfung vorzubereiten. Es befand sich in einem kleinen Holzgebäude. Wegen des Kohleofens musste das Fenster immer einen Spalt geöffnet bleiben. Ihr Platz war direkt neben dem Fenster. Sie zeichnete eifrig zwischen dem heißen Dampf des Wasserkessels links auf dem Ofen und dem eisigen Luftzug von rechts. Allmählich gewöhnte sie sich an den Kohlegeruch. Von Zeit zu Zeit schenkte sie sich heißes Wasser aus dem Kessel ein und stellte es ans offene Fenster. Bald war es genügend abgekühlt, so dass sie ihre Kopfschmerztabletten schlucken konnte.

Wie immer war es am Tag der Aufnahmeprüfung bitterkalt. Ihre Mutter hatte ihr einen warmen Pullover gestrickt, weil sie sich so leicht erkältete. Die Mutter strickte nicht besonders gut und der Kragen war etwas zu eng geraten. Als sie den Pullover an dem Tag zum ersten Mal anzog, hatte sie große Mühe, den Kopf durch das Loch zu zwängen. Er lag so eng am Hals, dass ihr war, als wolle sie jemand mit seinen Händen ersticken. Sie konnte den Hals nicht frei bewegen, ihr Atem stockte und das Blut stieg ihr zu Kopf, aber ihre Mutter war glücklich.

Als sie an ihrem Aquarell arbeitete, wurden ihre Kopfschmerzen unerträglich. In den Ohren hatte sie ein ständiges Rauschen. Am Ende des Gangs vor dem Prüfungsraum war ein Wasserhahn. Dort wuschen die Kandidaten in Bechern ihre Pinsel aus. Das Wasserrauschen drang vom Flur aus in ihren Kopf. Sie glaubte, jemand hätte vergessen, den Hahn zuzudrehen. Sie bat den Aufseher, den Wasserhahn schließen zu dürfen. Dieser fand ihre Bitte zwar seltsam, gab aber nickend die Erlaubnis. Sie öffnete die Tür und lief schnell zum Wasserhahn. Der war aber fest zugedreht. Sie kam zurück und malte weiter. Aber das Geräusch von fließendem Wasser begann von Neuem. Sie bat erneut um Erlaubnis und ging den Hahn zudrehen. Aber jemand hatte das schon getan, bevor sie hinkam. Beim dritten Mal lief sie ohne Genehmigung hinaus. Schnell kehrte sie zurück, aber das Rauschen hörte nicht auf. Ihr zu enger Pullover bedrängte sie. Der Aufseher ließ sie nicht aus den Augen. Als sie diesmal zur Tür ging, ließ sich die Klinke einfach nicht bewegen und die Tür wollte nicht aufgehen. Diesmal erbarmte sich der Aufseher: „Was ist denn los?"

„Die Tür ist offen. Die Tür ist doch offen."

Der Aufseher schaute auf die fest verschlossene Tür, blinzelte ein paar Mal und klopfte ihr verständnisvoll auf die Schulter. „Nun, nun, entspannen Sie sich doch." Sie folgte dem Aufseher zu ihrer Staffelei und nahm den Pinsel auf. Plötzlich warf sie ihn aber von sich. Mit beiden Händen versuchte sie den Kragen ihres Pullovers aufzureißen und begann zu schreien: „Das Wasser läuft über! Dreh doch einer den Hahn zu! Bitte, macht doch die Tür zu! Die Tür, die Tür!"

Sie kam im Krankenhaus der Universität wieder zu sich. Man kam zu der allgemeinen Diagnose, dass es sich um eine durch den Prüfungsstress ausgelöste Zwangsvorstellung handelte und verschrieb ihr ein paar Tage ungestörte Bettruhe. Sie schlief die meiste Zeit. Wenn die Zeit kam, wo sie ihre Medizin nehmen musste, wurde sie merkwürdigerweise wach und fiel dann wieder in den Schlaf.

Einmal erzählte sie mir von einem Roman, 'Bell Jar', dessen Autor sie vergessen hatte. Wie Pawlowsche Hunde werden Menschen trainiert, beim Klang einer Glocke regelmäßig ihre Medikamente einzunehmen. Spucke sammelt sich im Mund, damit sie sie hinunterschlucken können.

Meine Frau sagte, der Vorfall habe keine weiteren Folgen gehabt. Sie war in jeder Hinsicht eine ganz normale Frau. Nach dem Abschluss der Fachhochschule arbeitete sie als Telefonistin in einer kleinen Handelsfirma und sparte etwas Geld von ihrem geringen Gehalt. Dann traf sie mich und wir heirateten.

Ich war in jeder Hinsicht ein anspruchsloser Ehemann, nur in Bezug auf das Essen war ich etwas mäkelig. Sie konnte zwar nicht viele Gerichte kochen, aber ihre Kochkünste waren Gott sei Dank ganz leidlich. Sie kochte den Eintopf bei richtiger Hitze, so dass er nicht nach dem Fisch oder nach Bohnenpaste schmeckte. Der Fisch war gut durchgebraten und klebte nicht am Grill fest, ihre Frühlingsrollen briet sie bei kleiner Flamme, so dass sie zart und kross waren. Sie war auch sehr ordentlich. Die Nagelschere, Ersatzbatterien, Kleiderbürste und der Bohrer lagen immer am gleichen Ort, im Bad gab es immer frische Handtücher, im Gefrierfach im Kühlschrank gab es immer frisches Eis, das nicht nach Essen roch.

Meine Frau ging nicht gern aus. Sie hatte auch nicht gern Besuch. Meine Eltern zogen im Jahr unserer Heirat nach Kanada zu meinem Bruder. Meine Frau hatte Glück, weil sie sich nicht um ihre Schwiegereltern zu kümmern brauchte. Ab und zu besuchten zwei Freundinnen sie, die eine, die ihr voreilig eine Babydecke geschenkt hatte, und eine Versicherungsagentin aus ihrer Heimatstadt. Nur Leute also, die aus sentimentaler Anhänglichkeit kamen oder etwas von ihr wollten. Nach unserem Umzug schien sie selbst ihnen unsere neue Telefonnummer nicht mitgeteilt zu haben.

Wenn sie allein zu Hause war, kümmerte sie sich um den Haushalt oder las Zeitung oder Zeitschriften. Sie saß auch gern an ihrem Sekretär und las. Sie las alles Mögliche. Sie schien aber nicht wie andere durch das Lesen ihr Allgemeinwissen oder ihre Gefühlswelt zu erweitern. Sie behielt den Inhalt nur auszugsweise und interpretierte ihn auf ihre Art. Das war ihr selbst wohl auch klar. Auch als sie mir von 'Bell Jar' erzählte, zeigte sich das. „Wenn ich mich recht erinnere...", schränkte sie ein. Ausgelesene Bücher stopfte sie in Kartons. Statt den Inhalt in ihrem Gedächtnis aufzubewahren, räumte sie ihn fort und schloss den Deckel. Den Rest der Zeit verschlief sie.

Wenn ich sie tagsüber aus dem Büro anrief, antwortete sie oft nicht. Als ich sie fragte, warum sie denn so tief schlafe, sagte sie, dass es sie schläfrig mache, wenn sie von der Veranda aus auf die Wohnsiedlung schaue.

Die Fensterreihen der Siedlung waren regelmäßig angeordnet, ebenso die Spielplätze, Bänke, Bäume, Parkplätze und Bürgersteige. In der Einkaufszeile gingen immer einige Leute mit ähnlichen Plastiktüten, in ähnlicher Kleidung Besorgungen machen. Selbst der Himmel war meist gleich gefärbt, von eintöniger Ruhe, und die Luft roch immer gleich. Das erzählte mir meine Frau. In der neuen Siedlung gibt es keine Spazierwege. Die Hochhäuser versperren den Zugang. „Wenn ich mir die Schuhe anziehe, um spazieren zu gehen, sind die Wege abgeschnitten, so dass ich gleich wieder umkehre." Es gibt nur die Durchgangsstraße. Sie überquerte diese Autostraße ein paar Mal zwischen den Hochhäusern, aber das strengte sie an und machte sie schläfrig, behauptete sie.

Sie schlief merkwürdig fest. Sie schlief selbst, wenn sie krank war, sich Sorgen machte oder sich ärgerte. Eines Sonntags vor unserem Umzug ärgerte ich mich einmal über sie. Ich wollte die Morgenzeitung lesen, aber im Wirtschaftsteil fehlte ein Stück. Sie hatte einen Artikel auf der Rückseite ausgeschnitten. „Wie kannst du etwas ausschneiden, bevor ich die Zeitung gelesen habe?", schimpfte ich. Sie fand mich kleinlich und entschuldigte sich nicht einmal. Normalerweise bemühte ich mich darum, ihr unzusammenhängendes Gefasel gleichmütig hinzunehmen, aber ich war damals gerade Projektleiter in meiner Firma geworden und stand unter großem Stress.

„Halt den Mund!", schnauzte ich sie an, so dass sie erschrocken schwieg. Ein wenig später stand sie auf und begann mit dem Staubsauger zu hantieren. Ich nahm meine Jacke und ging.

Mir fiel das Schild des neuen Friseurladens in der Einkaufszeile ins Auge, und ich beschloss, mir die Haare schneiden zu lassen, da das mal wieder fällig war. Danach hatte sich meine Laune gebessert. Ich kaufte beim Bäcker ein paar Sahneteilchen, die meine Frau gern aß. Ich schellte, aber sie öffnete nicht. Ich suchte in der Jackentasche nach dem Schlüssel, aber ich hatte ihn in meinem Anzug gelassen. Von der Telefonzelle in der Ladenzeile aus rief ich zu Hause an, aber sie nahm nicht ab. Ich lief zur Wohnung zurück und schellte beim Nachbarn. Er erlaubte mir, über die Veranda in unsere Wohnung zu steigen, aber der Abstand war zu groß, so dass es zu gefährlich war. Vom Nachbarn aus rief ich noch einmal an. Mein Herzschlag war lauter als das Läuten des Telefons. Mein Atem ging so schwer, dass die Jacke sich hob und senkte. In der zitternden Hand hielt ich die Reklameschrift der Ladenzeile, die mir der Nachbar zugesteckt hatte, damit ich einen Schlüsseldienst finden könnte. Während ich auf den Schlosser wartete, wählte ich immer wieder unsere Nummer. Nach einer Weile kam er auf einem Motorrad mit seiner Werkzeugtasche, aber weil der Schlüssel von innen steckte, konnte er nichts machen. Ich war drauf und dran, den gefährlichen Sprung zu unserer Veranda zu wagen und schüttelte die Hand des Nachbarn ab, der mich am Arm gepackt hatte. Wenn der Schlosser nicht gefragt hätte, ob er die Scharniere der Tür aufbrechen dürfe, hätte ich todesmutig den Sprung von der Veranda im achten Stock zu unserer getan, um meine Frau zu retten. Als die Tür nach all dem Aufstand schließlich geöffnet wurde, lag meine Frau schlafend auf dem Sofa, nur ein paar Schritte von der aufgebrochenen Tür entfernt.

Immer wenn ich sie seither so zusammengerollt in ihrem Sessel schlafen sah, musste ich an das Drama denken. Sie schlief neben ihren verschlossenen Schachteln. Es war, als verriegele sie sich gegen die Welt, die ihr Schmerzen zufügte, indem sie sich in den Schlaf flüchtete.

Eines Morgens klagte sie: „Alles verdörrt bei uns!"

In den Händen hielt sie eine Schale mit zu Sand zerbröckelndem, trockenem Reis.

„Schau dir die Sojasoßenschüssel an!" Sie war völlig ausgetrocknet, nur noch schwarze Salzspuren. „Auch der Apfel ist über Nacht ausgetrocknet und verschrumpelt. Die Zementwand saugt alle Feuchtigkeit auf. Da dörre ich selbst ja auch ganz aus. Beim Schlafen wird mir alle Feuchtigkeit entzogen und ich höre meine Gelenke knarren." Ich versuchte sie zu beruhigen, indem ich leicht rügend darauf hinwies, dass bei uns zu wenig gelüftet werde, so dass die Luft zu trocken werde, und schlug vor, wir sollten ein Aquarium mit ein paar Tropenfischen aufstellen.

„Das ist es!", sagte sie überrascht. „Ich habe im Fernsehen gesehen, dass der Wasserstand wegen der Trockenheit in den Wohnungen um eine Handbreit fällt. Die Zementwände absorbieren die ganze Feuchtigkeit. Schließlich werden sie das Wasser aus den Wasserrohren saugen. Das sind keine Wände, sondern Saugnäpfe!"

Am darauf folgenden Samstag kaufte ich einen Luftbefeuchter für unsere Wohnung. Meine Frau packte ihn nicht einmal aus. Sie meinte, so etwas sei nur für Krankenzimmer. Ich konnte ihr zwar nicht zustimmen, wollte deswegen aber auch keinen Streit anfangen und ging darüber hinweg.

Meine Frau überschüttete mich auch immer mit für mich völlig belanglosen Informationen. „Im Kindergarten neben dem Supermarkt halten sie Hühner, um den Kindern die Natur näher zu bringen. Der Hahn kräht aber nicht frühmorgens, sondern am helllichten Tag. Zuerst hab ich mich richtig erschrocken, als ich den Hahn beim Verlassen des Supermarkts hörte." Sie lieferte auch gleich eine Interpretation mit: „Die Umweltbedingungen haben sich geändert, da brauchen die Hähne nicht mehr in der Frühe zu krähen. Heutzutage vertragen sich doch auch Hunde und Katzen." Wenn sie mir solche Nichtigkeiten erzählte, nickte ich abwesend, während ich das Wochenmagazin las oder die Spätnachrichten sah.

Unser Leben verlief ruhig. Ihr Alltag wurde wieder der gleiche wie vor dem Umzug. Bis zum Ende des Frühjahrs waren immer noch keine Vorhänge vor den Fenstern, aber sonst konnte ich mich nicht über sie beklagen. Dann zog eine neue Nachbarin ein.

Als ich eines Tages von der Arbeit heimkam, war ich überrascht über das Hundegebell.

„Nebenan ist eine Frau eingezogen. Ihr Mann arbeitet für seine Firma im Ausland. Sie hat zwei Kinder im Grundschulalter."

Der Hund bellte immer noch.

„Dann ist es wohl aus mit unserer Ruhe."

Meine Frau nahm meinen Anzug und hängte ihn in den Schrank. Dann gab sie mir eine gebügelte Baumwollhose und ein Polohemd aus der Schublade.

„Der Hund kläfft schon, seit du nach Haus gekommen bist. Jedes Mal wenn der Aufzug fährt, fängt er an zu bellen."

Meine Frau schien sich durch das Gebell nicht besonders gestört zu fühlen. Es war ihr völlig gleichgültig, wer nebenan eingezogen war, ob Hund oder Mensch. Das änderte sich aber, als sie die Nachbarin einmal besucht hatte, und begann, sich für sie zu interessieren.

„Wir hatten im Stock unter uns ein Nachbarschaftstreffen. Danach lud mich die Nachbarin auf eine Tasse Tee ein. Die Wohnung ist irre!"

„So?", sagte ich.

„Das geht schon im Eingang los. Schirmständer, Briefhalter, Schlüsselregal. Im Wohnzimmer hat sie ein Sofa, einen dazu passenden Hocker, einen Schaukelstuhl, einen Eckschrank, eine Hausbar, alles ist mit Möbeln voll gestellt. Selbst den Reiskocher hat sie noch mit allem Möglichen zugedeckt, und an den Wänden gibt es keinen freien Fleck. Flechtwerk aus Rattan, Strohblumen, Papierpuppen. Sie scheint alle möglichen Bastelkurse besucht zu haben."

„Vielleicht schmückt sie die Wohnung gern", meinte ich, suchte die Fernbedienung und schaltete den Fernseher an.

„Es ist ihr Charakter. Sie kann Leere nicht ertragen."

„Hm."

„Sie hat sich schon zu einem Schwimmkurs und zur Massage angemeldet. Weil sie nicht oft zu Hause ist, hat sie für die Kinder die Hunde angeschafft."

Jetzt schwieg sie. Sie dachte wohl an etwas anderes und presste die Fingernägel eine Weile in die Sofaecken. Dann legte sie plötzlich beide Arme schützend um die Brust und sagte: „Die beiden Hunde sind noch ganz klein."

„Zwei Hunde?"

„Ja."

Sie hielt die Arme ganz fest gekreuzt und machte eine Faust mit den Händen.

„Sie sind erst ein paar Tage alt. Die Kinder haben die Hündchen mit einer Kette an der Wohnzimmertür festgemacht, weil sie Milch verschüttet haben. Sie sind so eng beieinander, dass sie sich keinen Schritt mehr bewegen können."

Meine Frau erzählte, wie eng aneinander gefesselt die Welpen miteinander spielten. „Die Metallketten sind wie gewundene Kordeln, ihre Hälse eng geschnürt." Ich malte mir aus, wie sie spielten, bis sich die Kette um ihren Hals zusammenzog. Meiner Frau traten Tränen in die Augen.

„Sie hängen so aneinander, dass sie sich fast ersticken."

Nach ihrer Beschreibung waren die beiden Hunde ganz verschieden. Der eine hatte ein buschiges, weiches Fell, der andere ein trockenes, glatt anliegendes. Der eine war lieb und wedelte mit dem Schwanz, wenn sie sich näherte, der andere war garstig und versuchte, sie in die Hand zu beißen. Der Fünftklässler aus der Familie nebenan hatte einen Keks in der Hand. Der buschige Hund wedelte mit dem Schwanz und kam einen Schritt auf den Jungen zu. Der glatte, der ja an ihn gefesselt war, folgte gezwungenermaßen. Er mochte den Jungen nicht. Er knurrte und stellte sich drohend vor ihn, konnte aber nichts ausrichten, da er ja festgekettet war.

Der Junge warf den Keks dem freundlichen Hund zu. Der hässliche Hund verlor die Balance und fiel winselnd auf die Vorderpfoten.

Er bekam keinen Keks, und der Junge versetzte ihm einen Fußtritt. Dann schimpfte er mit dem Hund: „Lern erst einmal dich zu benehmen, wenn du was zu fressen willst!", und verschwand in seinem Zimmer.

Nachdem sie mir dies erzählt hatte, krümmte sie sich zusammen und bedeckte ihr Gesicht mit beiden Händen. Manchmal brachte sie mich mit dergleichen Geschichten in Verlegenheit und irritierte mich.

Ich tröstete sie: „Kleine Jungen sind manchmal grausam. Wein doch deswegen nicht wie ein Kind."

„Das ist es doch nicht."

„Was denn? Der Hund tut dir Leid, nicht?"

Sie schüttelte nur den Kopf. Etwas später beruhigte sie sich und stand auf, um das Abendessen zu machen.

In dieser Nacht ließ sie ihre Hände unter meinen Schlafanzug gleiten. Sie begann meinen Bauch und meine Brustwarzen zu streicheln. Mir wurde heiß. Meine Brustwarzen und mein Penis richteten sich auf. Ich ließ das Wochenmagazin fallen.

Ihr Körper war wie immer kalt. Ihre Arme, die sie um meinen Hals geschlungen hatte, waren zwar lebendig, aber der Rest ihres Körpers schien irgendwie nicht zu ihr zu gehören. Als ich mit den Händen ihren Unterleib berührte, flüsterte sie: „Ich liebe dich, Schatz." Sie schloss die Augen. „Komm zu mir." Ihre Haut war weich, aber sie erschien mir wie eine undurchdringliche Rüstung. Ich konnte sie nicht erregen, sie wurde auch nicht feucht. Sie empfing mich mit beherrschtem Schmerz. In sie eingedrungen, war sie ganz warm. „Ich bin so glücklich", sagte sie, als ich befriedigt war.

Als ich aus dem Bad zurückkam, fragte sie plötzlich: „Du hast den Gedanken an ein Kind doch noch nicht aufgegeben, oder?"

Wir hatten es absichtlich vermieden, über ein Kind zu sprechen. Dies war das erste Mal, dass sie davon anfing. Sie besuchte regelmäßig die Klinik und hielt sich an deren Empfehlungen. Ich machte mir eigentlich keine Gedanken darüber, ob sie ein Kind wollte oder nicht. Offen gesagt, war mir die Frage auch nicht sehr wichtig, denn ich bin ein ganz normaler Mensch, der sich zufrieden gibt mit dem, was er hat.

„Ich habe darüber nachgedacht, warum wir noch kein Kind haben", murmelte sie und starrte an die Decke. „Jetzt weiß ich es!"

Was konnte sie schon wissen, wo doch die Spezialisten den Grund nicht hatten finden können? Wortlos legte ich mich wieder neben sie. Sie erzählte von einem amerikanischen Film, den sie vor über zehn Jahren gesehen hatte. „Ich weiß nicht, ob ich mich richtig erinnere", begann sie wie so oft. Dies war die Geschichte: Es war einmal eine Familie. Der Vater war ein Vagabund. So zog also die tapfere Mutter ihre drei Lausbuben allein auf. Eines Tages starb sie. Die Kinder wurden von der Fürsorge betreut. Der Vater erfuhr davon und kam, um die Kinder zu finden. Er war ein arbeitsloser Trunkenbold. Die akkuraten Fürsorger wiesen die Bitten des Vaters zurück. Für das Wohl der Kinder sei es besser, wenn sie als Waisen aufwüchsen. Der Vater liebte seine Kinder. Ihretwegen gab er sein freies Wanderleben auf. Er kämpfte um sie. Aber er konnte gegen das System nicht gewinnen. Dennoch versuchte er, sein Leben zu ändern. Er versuchte weiter, eine Arbeit zu finden, obgleich er immer wieder entlassen wurde. Nach vielen Jahren kam er als ordentlicher Mann in Anzug und Krawatte wieder zum Waisenhaus. Aber die Kinder waren über die ganze Welt verstreut und seien auch nicht mehr auffindbar, teilte man ihm mit. Der Vater war wütend. Er durchwühlte alle Unterlagen, besuchte alle Pflegefamilien und Fürsorger, die sich um die Kinder gekümmert hatten. Aber alle seine Bemühungen waren vergebens, er kam zu spät. Auch die Kinder hatten immer versucht, zu ihrem Vater zu fliehen. Als Folge davon war ein Sohn von den Pflegeeltern so geprügelt worden, dass er starb, ein Sohn entwickelte autistische Züge. Und der dritte war im Waisenhaus sterilisiert worden.

„Was für eine grässliche Geschichte", sagte ich, fragte mich aber, was das denn eigentlich mit ihr selbst zu tun hätte. Ich stand auf und steckte mir eine Zigarette an. Mit den Augen suchte ich nach meiner Zeitschrift, die ich eben hatte fallen lassen. Da sagte sie mit fester Stimme: „Mich hat man auch sterilisiert."

Wegen des Rauches musste sie blinzeln.

„Im Waisenhaus wurde er sterilisiert, weil man Nachkommenschaft von Verbrechern verhindern wollte. Mein Blut war auch verdorben, darum hat man dafür gesorgt, dass ich keine Kinder bekommen kann."

„Im Waisenhaus etwa?", platzte ich heraus. Ihre Behauptungen waren oft unlogisch und sprunghaft. Sie versuchte aber zu erklären: „Nein, das nicht. Ich werde von der Auslesetheorie eliminiert. Ich habe das gelesen. Genetisch dominante Arten werden erhalten, minderwertige nicht."

Sie tat mir etwas Leid. Ich legte meine Hand auf ihre Brust. Aber sie schob sie fort und setzte sich mit einem Ruck auf. Dann überschlugen sich ihre Worte fast und waren von ganz ungewohnter Radikalität: „Nimm nur den Hund der Nachbarn. Der kleine hässliche Hund wird verhungern. Bis zu seinem Tod wird er an dem niedlichen angekettet bleiben. Dreisterweise wird er diesen auch noch in seinem Wachstum behindern. Er sollte so schnell wie möglich sterben. Warum es bei Hunden keinen Selbstmord gibt, verstehe ich nicht."

Sie wartete eine Weile, bis sich ihr Atem beruhigt hatte, und ging dann ins Bad. Wie eine Schlafwandlerin auf einem Fenstersims bewegte sie sich sicher, aber irgendwie schwebend. Als sie nach ein paar Minuten zurückkam, waren ihre Augen gerötet. Obgleich sie so vieles in ihre Schachteln stopft, bleibt in ihrem Kopf doch noch manches wirre Zeug, musste ich jetzt auf einmal denken. Vielleicht brauchte sie in ihrem Leben noch etwas anderes. Deshalb ließ ich es vielleicht auch zu, dass sie immer mehr unter den Einfluss unserer etwas flatterhaften Nachbarin geriet.

Die Nachbarin hatte ein Auto. Nach den Worten meiner Frau gab es in der Satellitenstadt keine Spazierwege, nur den Autos vorbehaltene Asphaltstraßen, was wieder einmal ihre eklektische Theorie von der Auslese bewahrheitete. Sie begleitete die Nachbarin im Auto zum Einkaufen in Kaufhäuser oder große Einkaufszentren. Sie aßen im Nudel-Restaurant an der Bahnlinie oder im Untergeschoss eines Einkaufszentrums. Bei schönem Wetter fuhren sie am Wochenende auch hinaus aufs Land. Eines Samstags, als ich Überstunden gemacht hatte, kam sie noch nach mir nach Hause.

Ich hatte jeden zweiten Sonntag frei. Sie ging auch an diesen Tagen, wo ich zu Hause war, aus, etwa zur Eröffnung eines Kaufhauses, zu der sie die Nachbarin begleitete, und dann mit völlig unnützen Dingen heimkam. Ich war erstaunt über den neuen Kranz aus getrockneten Blumen. Den brauchten wir nicht, aber so etwas war gerade in Mode, ein geschmackloser Tinnef, der zudem noch nach billigem Parfüm roch. Eigentlich war das nicht ihr Geschmack. Es sei ein Geschenk der Nachbarin, erklärte sie.

„Warum sollte die dir denn ein Geschenk machen?"

Mir war selbst aus der Ferne aufgefallen, wie stark geschminkt sie war. Außerdem fuhr sie einen teureren Wagen als ich.

„Nur so."

Ihre Antwort auf meine etwas sarkastische Frage war schlicht und einfach. Aber meiner Meinung nach gab es keine Geschenke ohne eine gewisse Gegenleistung. Ich hakte noch einmal nach: „Sie nimmt dich immer im Auto mit, da bist du ihr verpflichtet. Wenn schon, dann müsstest du ihr ein Geschenk machen, nicht umgekehrt."

Sie hielt den Kranz vorsichtig in der Hand und erhob sich bei meinem Einwand.

„Sie mag mich eben, darum hat sie mir die Blumen geschenkt. Das kann doch wohl sein, oder?"

„Sie mag dich?"

„Ja."

„Warum?"

Sie biss sich auf die Lippen. Mit ihrem Blumenkranz ging sie wortlos auf ihr Zimmer zu und drehte sich plötzlich um. Dann schrie sie: „Weil sie einsam ist!"

Ich war verblüfft über diese ungestüme Antwort. Wie jemand, der eine Reaktion erwartet, schaute sie mich mit durchdringendem Blick an.

„Und du? Fühlst du dich auch einsam?"

„Nein!"

Ihre kategorische Verneinung kam prompt. Sie hängte den Kranz in ihrem Zimmer auf, kam dann mutig zurück, als müsse sie etwas unter Beweis stellen, und begann Kartoffeln zu schälen. Ob sie glaubte, sie habe mich unter Druck gesetzt? Ich verstand ihre Stimmung nicht ganz, spürte aber, dass ihr irgendetwas fehlte.

Der nächste Tag war ein regnerischer Montag. Ich stand mit meinem Wagen im Stau und überlegte, was ich für meine Frau noch tun könnte. Als ich in der Firma ankam, rief ich in der Klinik an und ließ mir einen Termin geben. Ich rief auch zu Hause an. Meine Frau antwortete, aber ihre Stimme war schwach. Sie war weder ärgerlich noch war sie gegen den Arzttermin. Ich war zufrieden, dass ich ein probates Mittel gefunden hatte, etwas für sie zu tun.

Ich nahm mir an dem Tag frei, als wir zum Arzt gingen. Wir verließen das Haus zwei Stunden später als ich es normalerweise tat. Es war ein angenehmer Tag im Mai. Frisches Grün überzog die Hügel, weiße und rote Blumen blühten und die Sonne schien. Wir fuhren den gleichen Weg, den ich immer zur Arbeit nahm, aber es war ein ganz anderes Gefühl. Der Tag hatte etwas Verführerisches.

Plötzlich tauchte in der Spur neben mir ein weißer Sportwagen auf und schnitt mich. Ich trat auf die Bremse, als an der gleichen Stelle ein roter Sportwagen erschien. Die Fahrer beider Wagen waren auffällig gekleidete Jungen Anfang zwanzig. Auf dem Beifahrersitz saßen zwei ebenso auffällige junge Mädchen. Die beiden Autos schienen sich einen Wettkampf zu liefern. Spielerisch wechselten sie die Spuren und fuhren im Zickzack. Dann verlangsamten sie plötzlich die Fahrt und fuhren in zwei Spuren nebeneinander. Zuerst öffnete sich das Fenster des roten Wagens. Es zeigte sich der Ärmel einer lila Bluse. Als nächstes wehte die lange Haarmähne des Mädchens im Wind. Es schien, als würfe sie dem weißen Wagen etwas zu. Jetzt ging das Fenster des weißen Wagens herunter. Auch dort zeigte sich ein Mädchenarm in einem kurzärmligen Pullover. Ich konnte etwas in ihrer Hand sehen. Sie zielte damit auf den roten Wagen. Es war eine Wasserpistole. Die Jungen überholten sich im Wechsel, während die Mädchen versuchten, sie mit Wasser zu bespritzen. Alle vier konnten sich vor Lachen kaum halten. Auf dem Dach hatten sie noch immer ihre Skihalterungen, aber im Kofferraum gab es sicher eine Kühlbox mit Dosenbier und Obst und einen Klapptisch für ein Picknick.

Gewöhnlich schlich ich jeden Morgen diese Straße im Stau entlang, als ginge es in die Hölle, aber die beiden Jungen hatte Freude am Fahren. Während ich Trübsal blies, genossen sie das Leben in vollen Zügen.

Ich war ehrlich gesagt überrascht davon, dass man die Straße zu so selbstsüchtigen Zwecken benutzen konnte. Die beiden Autos bogen an der nächsten Ampel nach links ab. Während ich geradeaus auf der grauen Asphaltstraße weiterfuhr, nahmen sie einen grasbewachsenen Feldweg und verschwanden hinter dem frischen Grün des Hügels. Ihr Weg schlängelte sich sanft und war voller Blüten. Meine Frau sah ihnen so lange nach, bis sie vollständig verschwunden waren.

„Dorthin möchte ich auch einmal fahren", sagte sie mit trauriger Stimme. Sie fügte hinzu: „Das ist ein Weg der Phantasie, der nur Auserwählten zugänglich ist und am Ende dieser Jahreszeit wie ein Trugbild verschwindet." Ich warf ihr einen schnellen Blick zu.

„Wir können ja sonntags mal herkommen."

Prompt antwortete sie: „Bevor der Frühling vorbei ist."

„In Ordnung."

Nach einer ganzen Weile seufzte sie leicht.

„Jedes Mal wenn ich an dem Weg vorbeikomme, möchte ich dort entlanggehen."

„Bist du denn schon mal hier gewesen?"

„Manchmal. Ein Stück weiter dort liegt das Mittelamerikanische Kulturinstitut."

Aber sie sei noch nicht drin gewesen, erzählte sie in bedauerndem Ton. Die Nachbarin schien für das Kulturinstitut kein Interesse zu haben. Dahinter liege der Bokwansa Tempel. Im Restaurant gegenüber hätten sie gegessen. Dann seien sie vorbei an Kangtan zu einem künstlichen See gekommen, wo sie einen Kaffee getrunken hätten. Ich war drauf und dran zu fragen, ob sie nur zu zweit dort gewesen seien, aber sie wechselte plötzlich das Thema.

„In den Cafés am Stadtrand gibt es viele Frauen mittleren Alters."

Meine Frage ging mir nicht aus dem Kopf.

„Einige rufen mit ihren Handys ihre Kinder an und schimpfen mit ihnen, warum sie keine Hausaufgaben machen, erzählen von Büchern, die sie gelesen haben, von ihrem Fitnessclub oder von Ohrringen. Andere klagen darüber, dass es zu viele Todestage in ihrer Familie zu begehen gibt, manchmal drei pro Monat, so dass sie nicht zu Verabredungen gehen können. Wieder andere berichten, dass sie wegen der steigenden Mieten gut verdient haben oder Vorträge gehört haben von einem angesehenen Professor, manchmal lustig, manchmal traurig. Wir reden über alles Mögliche nur so zum Zeitvertreib."

Ich warf ihr einen missbilligenden Blick zu. Seltsamerweise machte sie einen traurigen Eindruck.

„Vor einiger Zeit hat unsere Nachbarin auf dem Parkplatz eines Kaufhauses den Wagen eines Mannes gerammt. Er hatte eine Delle, aber der Mann ließ sie einfach gehen. Es tat ihr Leid, darum hat sie den Mann zum Essen eingeladen. Sie bat mich mitzukommen. Sie hat ihn dann noch ein paar Mal getroffen. Er soll ein guter Zuhörer für ihre Probleme sein."

Meine Frau war noch trauriger als eben. Ich sagte nichts. Ich musste mich bemühen, meine Neugierde im Zaum zu halten. Als wir Seoul erreichten, war mir klar geworden, dass ich nicht meine Neugier beherrschen musste, sondern meinen Verdacht.

Im Wartezimmer sagte meine Frau nichts. Als sie aufgerufen wurde, antwortete sie wie eine brave Grundschülerin, stand auf und ging auf das Behandlungszimmer zu. An der Tür blieb sie stehen und warf mir einen kurzen Blick zu. Einen hilflosen und flehenden Blick. Dann ging sie hinein. Jetzt erst fühlte ich mich erleichtert, ich machte meine Zigarette aus und zog mir am Automaten einen Kaffee.

Wenn meine Frau ihren Eisprung hatte, kam ich früh nach Hause. Sie schien sich überwinden zu müssen, folgte aber den Anweisungen der Klinik und nahm meinen Samen willig auf. Eines Tages stellte ich fest, dass sie im Bett nicht mehr so den Tränen nahe war. Sie klammerte sich auch nicht mehr an meinen Hals. Sie erfand nicht länger Ausflüchte, dass sie noch duschen müsse oder zu stark erkältet sei. Wenn meine Begierde sich steigerte, schob sie mich von sich weg und stürzte mit einem „Moment mal!" wie eine Schwangere ins Bad. Das tat sie jetzt natürlich auch nicht mehr. Ich verstand das so, als wäre sie jetzt doch irgendwie auf dem richtigen Weg.

Nach der Stellenumbesetzung im Herbst bekam ich in der Firma noch mehr zu tun. Ich hatte nicht viel Zeit, um mit ihr zusammen zu sein, von dem Ovulationstermin mal abgesehen. Meine sexuellen Bedürfnisse meldeten sich regelmäßig. Ich passte mich immer leicht an und war überhaupt ein sehr praktisch veranlagter Mensch.

Auch sie passte sich irgendwie an. Sie schien auch nicht mehr so häufig mit der Nachbarin im Auto mitzufahren. Nachdem deren Mann vor Herbstbeginn wieder nach Seoul versetzt worden war, blieb die Nachbarin auch öfter zu Hause als zuvor. Statt des Hundegebells war gelegentlich nächtliches Geschrei und Gepolter aus der Wohnung zu hören. Aber jeden Morgen um zehn nach sieben konnte ich aus der Entfernung beobachten, wie die Nachbarin ihren Mann zur U-Bahn-Station fuhr.

Meine Frau wurde immer schweigsamer. Da sie kaum noch sprach, war auch Schluss mit ihren dummen Geschichten. Die Wohnung war noch besser aufgeräumt und immer sehr ruhig. Sie schien ihre Zeit damit zu verbringen, an ihrem Sekretär allerlei Bücher zu lesen und zusammengekrümmt in ihrem Sessel zu schlafen. Ihre Bücherkisten vermehrten sich aber nicht. Als ich nachfragte, erklärte sie, sie kaufe keine Bücher mehr, sondern leihe sie in der Bücherei in der Einkaufszeile aus. Aber Geo und Readers' Digest, die sie abonniert hatte, stapelten sich ungeöffnet, so dass sie wohl immer länger zu schlafen schien.

Friedliche Tage folgten. Mit dem zunehmenden Arbeitspensum wuchs das Vertrauen, das meine Firma in mich setzte. Es gab zwar gelegentlich berufliche Schwierigkeiten, die ich im Allgemeinen aber mühelos löste. Wenn ich nach Hause kam, war alles am richtigen Platz, selbst meine Frau.

Von einigen Zwischenfällen abgesehen gab es keine größeren Vorkommnisse. Eine Weile wurden wir durch nächtliche anonyme Anrufe belästigt, aber meine Frau schnitt die Telefonleitung einfach durch. Die Freundin, die ihr die Babysachen geschenkt hatte, brachte auch mal Kerzen mit und die Kerzenflammen sengten unser Hochzeitsbild an der Wand an. Irgendjemand zerstach die Reifen von fünf Autos auf unserem Parkplatz, auch meine und die des Nachbarn, der herbeigestürzt kam und den ich bei dieser Gelegenheit begrüßte. Ihm gefiel die Satellitenstadt nicht besonders. Er war schockiert, dass in nur wenigen Jahren eine neue Betonstadt aus dem Boden geschossen war. In Europa sei so etwas unvorstellbar. Auch der künstliche See sei ja wohl etwas übertrieben. Wie mir denn das Leben hier gefalle? Ich antwortete nur kurz angebunden, dass ich ganz zufrieden sei.

Etwas ernster war da schon der Vorfall, als meine Frau sich verletzte. Als sie den Wasserkessel vom Herd nehmen wollte, verbrannte sie sich die Seite. Es war zwar keine schwere Verbrennung, aber da die Verletzung einige Tage lang nässte, konnte ich mich ihr selbst während des Eisprungs nicht nähern. Die Wunde verheilte bald wieder.

Plötzlich bemerkte ich, dass der Herbst schon ziemlich fortgeschritten war. Ich stand auf dem Weg zur Arbeit an einer Ampel und trug den Trenchcoat, den meine Frau mir herausgehängt hatte. Der Frühling lag also schon weit zurück.

Jetzt ist es wieder Frühling. Ich hatte versprochen, mit meiner Frau vor Ende des Frühjahrs einen Ausflug zu diesem Waldweg zu machen. Letzte Woche sind wir daran vorbeigefahren. Wie im vergangenen Jahr lag alles in frischem Grün und war mit weißen und roten Blüten übersät. Ich schaute immer wieder auf die Uhr, was mir schließlich verlegen auffiel. Meine Frau hingegen schien ruhig und machte keine Anstrengungen, unsere Trennung in einer Stunde zu überspielen.

Der letzte Winter war für uns äußerst schwierig. Seit jener beängstigend ruhigen Novembernacht war meine Frau stark abgemagert. Wenn sie da so zusammengerollt in ihrem Sessel lag, wirkte sie noch zarter. Ich hatte den Eindruck, dass sie schrumpfte. Aber mir blieb nichts anderes übrig, als sie fortzuschicken.

Am Abend des letzten Novembertages ging ein starker Wind mit vereinzelten Schauern, und es war ungemütlich kalt. Ich kam gegen neun Uhr nach Hause. Ich schellte mehrmals, als sich aber nichts rührte, öffnete ich mit dem Schlüssel. Ich schaute in ihr Zimmer. Ihr Sessel war leer. Nirgends brannte Licht. Sie musste vor Einbruch der Dunkelheit das Haus verlassen haben. In der Küche gab es keine Anzeichen, dass sie das Abendessen vorbereitete. Das war ganz untypisch für sie, und ich suchte nach einer Erklärung. Irgendetwas musste plötzlich geschehen sein. Wie immer zog ich mich um, wusch mir die Hände und stellte den Fernseher an. Sie würde sicher gleich kommen. Ich hätte verstehen können, wenn sie sich ungewöhnlich verspätete. Aber sie war auch bis elf Uhr noch nicht wieder da.

Seit zehn Uhr war ich mehrmals auf die Veranda hinausgegangen, um nach ihr Ausschau zu halten. Um elf stand ich zehn Minuten lang dort und wartete. Ich rauchte drei Zigaretten hintereinander. Ich überlegte, wo sie wohl zu erreichen wäre. Wo mochte sie sein? Ich steckte mir noch eine Zigarette an. Ich war völlig ratlos, denn ich wusste weder, wo sie sein konnte, noch wo ich hätte anrufen können.

Ich ging in ihr Zimmer. Alles war säuberlich aufgeräumt und gab keinerlei Aufschluss. Nur der gelbe Bleistift mit Radiergummi lag auf ihrem Sekretär. Sie nahm immer diesen Bleistift zur Hand, bevor sie ein Buch aufschlug. Nur so könne sie sich den Inhalt eines Buches merken, erklärte sie. Ich habe nie gesehen, dass sie irgendetwas damit schrieb. Dennoch war der Bleistift viel kürzer geworden. Auch ihre Schachteln waren ordentlich aufeinandergestapelt, die großen auf die großen, die kleinen auf die kleinen. Allerdings lag jetzt etwas Staub auf den Schachteln, was untypisch für meine Frau war. Die Küche, das Bad, das Schlafzimmer, mein Arbeitszimmer, nichts war ungewöhnlich. Aber es gab in der ganzen Wohnung nichts, was ihre Persönlichkeit verriet. Die Wohnung hätte von jeder beliebigen Frau eingerichtet worden sein können, es gab überhaupt nichts Persönliches. Ich lebte seit fünf Jahren mit ihr zusammen. Wenn ich aber jetzt keine Ahnung hatte, wohin sie verschwunden war und wo ich sie suchen könnte, was sagte das dann über unser Zusammenleben aus? Wie hatte ich glauben können, meine Frau wirklich gut zu kennen?

Ich zog mir die Schuhe an und ging nach draußen. Es blieb mir nur der Parkplatz vor dem Haus, um nach dem Verbleib meiner Frau zu forschen. Es gab wegen der späten Stunde kaum noch einen freien Platz. Ich hockte mich am Blumenbeet nieder. Es regnete leicht und mir wurde kalt um die Schultern, aber ich hatte auch keine Lust, einen Regenschirm zu holen. Ein Auto fuhr auf den Platz. Ich konnte die Regenfäden vor den Scheinwerfern sehen. Aus dem Wagen stieg mein Nachbar. Er sah mich unschlüssig im Regen stehen und fragte: „Was machen Sie denn hier?" „Äh, hm...", murmelte ich und trat einen Schritt zurück, um ihm den Weg freizugeben. Da sah ich seine Frau auf der Fahrerseite aussteigen, und blitzartig durchfuhr mich ein Hoffnungsstrahl. Während ich erleichtert war, sie zu sehen, wandte sie den Blick ab.

„Ach, meine Frau ist noch nicht nach Hause gekommen. Sie wissen nicht zufällig, wo sie sein könnte?", fragte ich. Sie zögerte zu antworten. Sie gab mir mit den Augen ein Zeichen, dass sie wegen ihres Mannes nicht reden könne, und ging. Ich schloss aus ihrem linkischen und unnatürlichen Verhalten, dass sie sicher etwas wüsste, und hoffte, sie würde sich melden. Ich folgte ihnen also in einigem Abstand und wartete in der Wohnung auf sie.

Nach etwa fünf Minuten erschien sie. Ich öffnete die Tür einen Spalt, wie ich es bei ihr gesehen hatte, wenn sie in ihre Wohnung ging. Im Gegensatz zu ihrer abweisenden Haltung von vorhin war sie wirklich um meine Frau besorgt. Auch um vor ihrem Mann eine glaubwürdige Erklärung zu haben, wenn sie mitten in der Nacht zu dem Mann nebenan ging, musste sie Besorgnis zeigen. Sie nahm auf unserem Sofa Platz und wählte eine Nummer. Sie musste sie gut kennen, denn ihre Finger glitten rasch über die Tasten. Es schien eine Handy-Nummer zu sein. Sie wählte mehrmals, aber die Verbindung kam nicht zustande. So vergingen wohl zehn Minuten. Sie stand auf. Jetzt blieb nichts anderes mehr übrig, als die Polizei zu verständigen und bei den Unfallstationen der Krankenhäuser anzurufen. Waren damit also alle Chancen, dass sich die Sache als unbedeutende Privatangelegenheit herausstellte und sich nicht zu einem offiziell dokumentierten Vorfall ausweitete, erschöpft? Vielleicht hatte sie eine Freundin besucht und den letzten Bus verpasst. Oder sie war in der großen Buchhandlung in Seoul gewesen und danach ins Kino gegangen. Sie mochte im Bus eingeschlafen und an der Endstation umgekehrt sein. Dann wäre sie jetzt auf dem Heimweg. Wie schön wäre es, wenn es eine so einfache Lösung gäbe!

In meiner Verzweiflung hatte ich die Worte der Nachbarin zunächst nicht verstanden. Sie war schon im Begriff zu gehen, schloss aber die Eingangstür, die ich ihr schon geöffnet hatte, noch einmal ganz und beschwor mich: „Sorgen sie bitte dafür, dass mein Mann nichts davon erfährt."

„Wie bitte?"

Sie gab mir einen Hinweis: „Gehen Sie am Haus links bis zur Umgehungsstraße. Von dort etwa drei, vier Blocks geradeaus. Hinter der Brücke nach rechts, bis Sie zu einem Schild mit der Aufschrift 'Green Park' kommen. Das letzte Zimmer im dritten Stock. Es gibt in der Gegend viele Cafés und auch andere Motels. Es ist leicht zu finden."

Ich saugte ihre Worte begierig auf wie das Mitglied eines Rettungsteams. Als ich mich bedankte, bat sie mich noch einmal, ihrem Mann gegenüber verschwiegen zu sein. Ich nickte, das sei doch selbstverständlich, und war erleichtert, dass ich mich jetzt auf die Suche machen konnte. Die Nachbarin hielt den Türgriff in der Hand und schaute mich noch einmal eindringlich an. Ihre Stimme zitterte. „Es ist alles meine Schuld." Ihr Blick flackerte. Sie war so von Angst und Unruhe ergriffen, dass diese vermutlich nicht nur meiner Frau galten. Ich hielt sie an den Schultern fest. Meine Fingernägel gruben sich durch das Kleid bis auf die Schlüsselbeine. Aber sie schrie nicht.

Die Umgebungsstraße war fürchterlich dunkel und ruhig. Ab und an war im Licht entgegenkommender Fahrzeuge das nasse Pflaster zu sehen.

Das Motel war wirklich leicht zu finden. Kurz hinter der Brücke leuchtete vor dem schwarzen Himmel das rote Neonschild eines Thermalbades auf. Es wirkte wie das feurige Brandmal auf der Flanke eines Rindes. Ich knirschte mit den Zähnen. Ich wollte die Buchstaben losreißen und sie meiner Frau auf die Brust heften. Ich zog die Handbremse, die sich mit einem metallischen Geräusch spannte.

Wie die Nachbarin gesagt hatte, war das letzte Zimmer im dritten

Stock für bevorzugte Gäste. Ein Bekannter benutze es an manchen Tagen. Sie hatte nicht gesagt, dass sie das Zimmer mit ihm zusammen benutzt hatte.

„Ihre Frau hat kein Auto. Der Ort ist abgelegen. Ich mache mir Sorgen, dass sie noch nicht zu Hause ist. Darum sage ich es Ihnen. Es ist meine Schuld. Ich hab sie überredet, den Mann einmal zu treffen. Der Mann hat sie so oft angerufen, dass sie die Telefonleitung durchgeschnitten hat... Ich weiß aber nicht ... schauen Sie vielleicht zuerst im Restaurant im Untergeschoss nach. Vielleicht ist sie noch dort. Sie ist keine solche Frau." Ich ging natürlich nicht erst in das Restaurant, sondern nahm gleich die Treppe nach oben.

Die Tür war nicht verschlossen. Im Zimmer war es dunkel. Die Sendezeit war vorbei, aber der Fernseher lief noch. Das Licht des Bildschirms erhellte das Bett wie Mondschein. Sie lag allein darin und schlief. Ich ging zu ihr. Ihr langes Haar breitete sich weich auf dem Kopfkissen aus. Sie schlief tief. Ihr weißes Profil. Unter dem Laken war sie nackt. Die verspiegelte Zimmerdecke reflektierte ihre Nacktheit im Dunkeln.

Auf dem Weg nach Haus zitterte sie im Auto so sehr, dass sie sich sofort hinlegen musste. Sie bekam eine schwere Grippe. Mehrere Tage konnte sie sich nicht bewegen und musste das Bett hüten. Sie konnte kaum einen Tropfen Wasser schlucken, aber mir war das gleichgültig. Nachdem sie wieder gesund war, begann sie wieder zu putzen und die Wäsche zu waschen. Aber sie war zum Skelett abgemagert. Ich schrieb mich für ein Frühprogramm im Fitnessclub und für einen Abendkurs in einem Sprachinstitut ein. Wenn ich abends spät nach Hause kam, brannte in allen Zimmern Licht, aber die Wohnung war wie ausgestorben. Wenn sie plötzlich geräuschlos aus der Küche oder aus ihrem Zimmer auftauchte, kam es mir vor, als schwebte ihr Geist durch den Raum. Ich war wütend, dass sie noch am Leben war. Eine solche Schamlosigkeit! Ich musste auch daran denken, wie sie einmal von dem Hund gesagt hatte, sie verstehe nicht, warum er nicht Selbstmord begehe.

Wir sprachen kaum miteinander. Warum hatte ich gedacht, sie so gut zu kennen? Ich hasse sie. Ich hasse mich selbst, wenn ich feststellte, dass ich gar nicht wissen wollte, was in jener Nacht geschehen war. Der Schlaf meiner Frau wurde noch tiefer. Sie nahm wohl auch Schlaftabletten, aber was kümmerte mich das? Ab und zu lauschte ich an ihrer Tür auf ihren Atem in ihrem dunklen, tiefen Schlaf. Am liebsten hätte ich alle Türritzen verstopft, so dass keine Luft und kein Lichtstrahl mehr hinein konnte. Dann hätte ich sie noch mit Paraffin versiegelt.

Einmal allerdings schaute ich sie mir länger an. Auch an jenem Abend kam ich spät nach Hause. Sie war nicht zu sehen. Sie wird wohl in ihrem Sessel schlafen, sagte ich mir. Wie immer zog ich mich um, wusch mich und wollte die Spätnachrichten sehen. Aber stattdessen ging ich in ihr Zimmer. Sie schlief fest. Ich rüttelte sie heftig. Ich spürte kaum einen Widerstand und packte umso roher zu. Sie öffnete die Augen. Das Licht aus dem Wohnzimmer war hell genug, so dass sie mein Gesicht erkennen konnte. Sie lächelte schwach.

Sie stand auf und schwebte wie ein Gespenst in die Küche. Sie wusch sich die Hände unter dem Wasserhahn, füllte dann Reis aus der Tonne in den Kocher und stellte ihn an. Sie nahm getrocknete Sardellen heraus, gab Bohnenpaste in einen Steintopf, füllte ihn mit Wasser und setzte ihn auf den Herd. Dann schälte sie Kartoffeln, eine Zwiebel, Karotten und Knoblauch. Als sie alles klein geschnitten hatte, kochte das Wasser im Topf. Sie gab das Gemüse hinzu, schnitt noch etwas Lauch und Tofu zurecht und gab es in eine Schüssel. Dann schlug sie drei Eier auf, gab Salz und Lauch hinzu. Sie füllte etwas Wasser in die Fischgrillpfanne und stellte das Gas an. Sie wusch den Fisch, legte ihn auf den vorgeheizten Grill und stellte eine Bratpfanne auf die Herdflamme daneben. Als sie heiß genug war, schüttete sie die geschlagenen Eier vorsichtig hinein, die langsam fest wurden. Etwas später drehte sie den Fisch um. Sie machte das sehr geschickt. Sie hatte natürlich überhaupt nicht mitbekommen, dass ich sie von meinem Küchenstuhl aus beobachtete.

Sie deckte den Tisch. Sie stellte mir eine Schale Reis hin, holte sich selbst auch eine und setzte sich auf ihren Platz. Sie begann zu essen. Ich konnte meine Augen nicht von ihr lassen. Denn ihr ganzes Verhalten zeigte die ruhige Gelassenheit, an die ich bei ihr gewöhnt war. Nur war sie es nicht selbst, wenn sie all diese Dinge so ruhig verrichtete. Friedlich ist ein Gewässer nur, wenn man bloß die Oberfläche sieht. Aber im gleichen Augenblick könnte eine Barbe in der Tiefe mit der Schwanzflosse schlagen und eine Garnele halb verschlingen.

Sie aß gierig. Dann ging sie zum Kühlschrank, um Wasser zu holen. Sie kam mit dem Tablett zurück, stellte es auf den Tisch und hielt dann plötzlich ein: „Wann habe ich gegessen?"

Dieser Winter war für uns beide sehr schwierig.

Am Tag unserer Trennung wusch sie sich morgens die Haare. Jemand rief an. Ich erwartete um diese Zeit keinen Anruf und hob nicht ab. Es klingelte weiter und meine Frau kam mit einem Handtuch um die Haare aus dem Bad und ging an den Apparat. „Hallo", sagte sie trocken. Danach stand sie nur still da und hörte zu. Das Handtuch hatte sich gelöst, glitt am Hals herunter auf ihre Schultern. Ihr langes schwarzes Haar fiel herab. Mit der freien linken Hand griff sie es und hielt es über einen kleinen Blumentopf. Sie schaute stumm zu, wie die Erde feucht wurde und legte den Hörer ruhig auf.

„Wer war's?", fragte ich.

„Falsch verbunden." Ihre Stimme war ganz gelassen.

Meine Frau saß auf dem Beifahrersitz. Ihr Ausdruck war friedlich, als führen wir zu der Frauenklinik, und sie lächelte, als ich ihr beim Anlegen des Sicherheitsgurts behilflich war. Sobald wir aus der Satellitenstadt herausfuhren und freies Land in Sicht kam, schaute sie interessiert zum Fenster hinaus. Die sanften Hügel im Frühlingssonnenschein, die akkurat aufgereihten Treibhäuser, spielende Kinder in einem vorüberfahrenden Auto. Lange schaute sie auch auf zwei dicht aufeinander folgende Lastwagen mit Hühnern. Die Hühner konnten sich in den dicht neben- und aufeinander gestapelten Käfigen kaum bewegen, denn man hatte sie wie Ware hineingestopft. Nur einige wenige konnten die Hälse durch die Maschen stecken und frei atmen. Der Frühlingswind trieb schmutzige Hühnerfedern durch die Luft. Als die Laster schon fort waren, flogen immer noch einige Federn umher.

Wie ein kleines Kind auf einem Ausflug freute sie sich über die vorbeiziehende Landschaft. Ihre mageren, weißen Hände lagen kraftlos wie im Theater vergessene Handschuhe auf ihren Knien. Als hätte sie meinen Blick gespürt, wandte sie mir den Kopf zu. Geflissentlich schaute ich wieder geradeaus und sie senkte von selbst den Blick und sah dann wieder zum Fenster hinaus. Ganz plötzlich schrie sie auf.

Ich nahm die rechte Hand vom Steuer und legte sie ihr auf die Schulter. Unwillkürlich rutschen mir die Worte heraus: „Was ist denn nur, Liebling?" Im nächsten Augenblick war sie wieder völlig normal. Als wäre sie plötzlich aus einem Traum aufgewacht, schaute sie dumpf vor sich hin und sagte leise: „Die Hühner sind alle weg."

Ich schaute hin. Es gab keine Hühner mehr auf dem Laster. Mit verschwommenem Blick schaute sie auf die leeren Käfige und murmelte noch einmal: „Die Hühner sind alle weg." Aber so überraschend war das nicht. Es gab ja zwei Laster, und der vordere war von vornherein leer gewesen. Sie hatte nur den beladenen gesehen. Ich erklärte es ihr, aber sie schien nicht überzeugt. Sie verlor kein Wort mehr darüber, hielt beide Hände um den Hals und zog ängstlich die Stirn in Falten. Wenig später schlief sie ein.

Sie öffnete die Augen erst wieder, als wir angekommen waren. Sie war verwirrt wie ein entführtes junges Mädchen, das man mit Chloroform betäubt, an einen fremden Ort verschleppt und dem man gerade die schwarze Augenbinde abgenommen hatte. Aber im Ganzen war sie gefasst. Die Formalitäten verliefen reibungslos. Die Anstalt lag tief im Wald und war ein graues Gebäude wie die Wohnblocks in unserer Siedlung oder die Frauenklinik, aber sie machte einen sehr ruhigen und friedlichen Eindruck, denn es barg keine leeren Hoffnungen. Auch sie würde sich keine Hoffnungen mehr machen.

Auf dem Rückweg fuhr ich denselben Weg auf der Spur zurück, die meine Reifen hinterlassen hatten. Die Seiten des Weges waren mit roten Blüten übersät. Ich drehte die Scheiben herunter. Es roch nach Wald. Ich atmete den Duft tief ein. Seit wir dort angekommen waren, hatte meine Frau mir kein einziges Mal in die Augen gesehen. Sie hatte nur gesagt: „Ich wusste nicht, dass ein solcher Ort ganz in unserer Nähe existiert."

Nachdem ich meine Frau eingeliefert hatte und allein zurückfuhr, kam ich wieder an dem verschlungenen Weg vorbei. Wenn ich noch einmal zu jenem Frühjahr zurückkehren könnte, wäre alles wieder gut. Aber es war nur ein flüchtiger Gedanke. Ich folgte dem Wagen vor mir.

An jenem Abend blieb ich noch wach, weil ich die Spätnachrichten noch nicht gesehen hatte. Mir fiel auf, wie langsam die Zeit verging, während ich das Programm immer wieder umschaltete. Ich legte die Fernbedienung auf den Tisch. Auf dem Bildschirm erschien der Titel „Die Welt heute" und dann folgte die Stimme des Sprechers: „Am letzten Valentinstag kam es in einem Forschungslabor in Kalifornien zwischen einem Fliegenmännchen und -weibchen zu einem heftigen Kampf. Das Männchen näherte sich dem Weibchen zur Paarung, aber das Weibchen wehrte ihn mit Kopf und Flügeln ab. Später trat sie mit den Füßen nach seinem Kopf. Das Weibchen legte, selbst nachdem es befruchtet worden war, keine Eier."

Meiner Frau hätte der Bericht gefallen. Ich starrte desinteressiert auf den Bildschirm.

„Die Ursache war ein mutiertes Gen. Das Forscherteam fand heraus, dass dieses Gen das Nervensystem angreift. Sie bezeichneten das Gen als 'Unzufriedenheit'."

Ich musste an das verkohlte Hochzeitsfoto und die Brandverletzung meiner Frau denken.

Schließlich ging ich früh zu Bett, ohne die Spätnachrichten abzuwarten, aber ich schlief schlecht. Am nächsten Morgen rief ich gleich von meinem Büro aus den Makler an, er solle mir eine andere Wohnung suchen, und setzte mich auch mit einer Umzugsfirma in Verbindung.

Die Packer erschienen Punkt neun Uhr. Einer zog pfeifend Handschuhe an, ein anderer ließ sich von mir die Lageskizze meiner neuen Wohnung und die Telefonnummer meines Büros geben. Als ich gegangen war, bedauerte ich, dass ich nicht noch einmal in das Zimmer meiner Frau geschaut hatte. Ich ließ den Motor an und sah, wie die Nachbarin ihr Auto wusch.

Beim Verlassen der Satellitenstadt fühlte ich nichts Besonderes. Erst als ich an den grünen Hügeln vorbeikam, wurde ich mir flüchtig bewusst, dass die Stadt hinter mir lag. Ich fand mich plötzlich in der Linksabbiegerspur an der Ampel wieder. Da es nicht viel Verkehr gab, hätte ich auch einfach geradeaus weiterfahren können. Als aber der grüne Linksabbiegerpfeil erschien, bog ich ab. Diesen grünen Waldweg wäre meine Frau gern entlanggefahren wie die jungen Leute in ihren Sportwagen.

Der Weg war sehr kurvig. Er war schmal und abschüssig wie die meisten Bergpfade. Es staubte und der Wagen ruckelte stark. Ich wollte schon umkehren, als ein massiger Berg in Sicht kam. Er war ganz mit Gräbern überzogen. Der Himmel hing tief und es herrschte eine gespenstische Stille.

Ich folgte dem Weg ohne anzuhalten. Meine Achselhöhlen waren schweißnass. An der Gabelung zwischen dem Krematorium und dem Ort stand ein Schild. Ich schlug den Weg zu der Ortschaft ein, aber der Wald schien immer dichter zu werden. Zahlreiche Gräber reihten sich aneinander. Mein Hemd klebte mir am Rücken. Auch im Gesicht lief mir der Schweiß herunter. Ich öffnete das Wagenfenster, und der Staub überfiel mich, als hätte er darauf gelauert. Der Wagen taumelte gleichsam über den Waldweg. Es war doch so. Ich hatte alles für meine Frau getan. Und wie hatte sie es mir heimgezahlt? Jetzt schläft sie wahrscheinlich. Sie wacht auf, um ihre Medikamente zu nehmen. Bis sie wieder einschläft, wartet sie nur auf mich. Ohne meine Einwilligung, kann sie keinen Schritt aus der Anstalt tun. Sie ist dort gut aufgehoben. Sie wartet auf meinen Besuch. So vergilt sie meine Liebe zu ihr.

Heute ist ihr Zimmer verschwunden.

Endlich kommt wieder der weite Himmel in Sicht. Und dort hinten ist, Gott sei Dank, auch wieder die Asphaltstraße.

Ha Songnan

Schimmelblumen

Vom fünften Stock des Hochhauses gleicht der Spielplatz, auf dem sich das Regenwasser gesammelt hat, einem kleinen Tümpel. Vor zwei Tagen hat es heftig geregnet, und der Spielplatz ist übersät von noch nicht versickerten schlammigen Pfützen. Am gegenüberliegenden Ende der Wippe, auf dem die Frau sitzt, steht noch das Wasser und auch unter dem Klettergerüst, an dem ein Junge schwingt.

Die Frau pult Bohnen aus. Jedes Mal, wenn sie eine neue Schote dreht, kommen gefleckte Bohnen zum Vorschein. Ihre Finger riechen nach dem frischen Grün. Wenn Bohnen in den Sand gesprungen sind und sie sich vorreckt, um sie aufzusammeln, streckt sie den Hintern in die Höhe. Die Wippe geht ein wenig hoch, um das Gewicht auszugleichen. Der Junge hängt mit der rechten Hand an einer Stahlsprosse. Er schnauft, als er sich von der dritten zur vierten Sprosse hangelt. Er muss es bis zum Ende schaffen, wenn er auf trockenem Boden landen und keine nassen Füße bekommen will. Seine Hose rutscht und sein Hemd wird von dem zur Sprosse hinauflangenden Arm hochgezogen. Dazwischen leuchtet ein Stück nackte Haut auf.

Die Frau kehrt dem Mann den Rücken zu. Er kann von ihr nur den über die Plastikschüssel im Sand gebeugten Rücken sehen. Bald ist die Schüssel mit Bohnen gefüllt. Der Mann spricht heimlich mit ihr. „Heute Abend gibt es wohl Bohnenreis?" Die Frau antwortet aber nicht. Bis dorthin, wo sie sitzt, reicht seine Stimme nicht. „Diesen Geschmack vergisst man nie. Wie die Bohnen beim Kauen langsam nachgeben! Unvergleichlich! Kann ich etwas davon abbekommen?" Der Mann am Verandafenster spricht weiter vor sich hin. Er kann sich alles vorstellen – von dem prickelnden Pelz der Schoten, die die Bohnen umhüllen, bis zu den Fasern unter dem Fingernagel des Daumens, mit dem sie sie öffnet. Glücklicherweise hat die Frau nicht bemerkt, dass der Mann sie von oben die ganze Zeit beobachtet. Sie achtet nur auf ihre Bohnen. Sie gleicht einem Schüler, der über seinen Mathematikaufgaben brütet. Der Junge ist immer noch nicht am anderen Ende angekommen und hängt mit aufeinander gebissenen Zähnen an den Sprossen des Gerüsts.

Der Mann zieht ein kleines Notizheft aus der Hosentasche. Vom Sitzen ist es weich und krumm geworden. Er versucht umzublättern und die nächsten Seiten kommen mit, denn getrocknete Essenskrümel kleben sie zusammen.

Bohnenschoten. Wippe. Klettergerüst. Regenpfützen.

Der Mann notiert einige Wörter, um sich an die Frau zu erinnern. Die leeren Bohnenschoten werden der einzige Anhaltspunkt sein, um unter den zahlreichen Müllbeuteln den der Frau zu erkennen. Er weiß nicht, welche Wohnung sie hat. Glücklicherweise ist es nur ein einzeln stehendes Hochhaus, aber es hat immerhin neunzig Wohnungen.

Heute Morgen in den Nachrichten trug die Wetter-Ansagerin einen gelben Regenmantel und einen gelben Regenschirm. Ein großes Tief hatte sich über dem Gelben Meer und der Provinz Kyonggi-do entwickelt, und die ganze Woche über war mit sporadischem Frühlingsregen zu rechnen. Wie üblich wies sie darauf hin, dass die hochsommerliche Hitze in diesem April auf El Niño zurückzuführen sei. Wenn das feuchtheiße Wetter anhielte, würde das seine Arbeit noch mehr behindern.

Der Mann wird vom Kreischen einer Frau in der angrenzenden Wohnung geweckt. Es ist kurz nach zwei in der Nacht. Glas zerbricht klirrend auf dem Boden, und eilige Schritte bewegen sich hin und her. Die Frau schreit weiter, aber er bekommt nicht mit, worum es geht. Die Wohnung 507 grenzt unmittelbar an seine. An der Wand stehen eine Kommode und eine Stereoanlage. Der Mann steht auf, geht auf die Kommode zu und legt sein Ohr an die Wand. Die Eingangstür von Nr. 507 wird so abrupt aufgestoßen, dass sie gegen die Wand schlägt. Jemand wird herausgeschubst und stürzt zu Boden. Der Deckel eines Kochtopfs kommt hinterhergeflogen und sorgt für noch mehr Gepolter. „Lass dich hier bloß nicht mehr blicken!", schreit die Frau, indem die Tür zuschlägt und beide Schlösser verriegelt werden. Der Mann schleicht sich an die Eingangstür und schaut durch das Guckloch. Im

Flur brennt kein Licht und er schaut in eine finstere Höhle. Gleich wird der Zeitungsjunge mit der Morgenzeitung vorbeiflitzen. Eine geschlagene halbe Stunde vergeht, nachdem die Tür geschlossen wurde, als der Mann sich auf der Treppe entfernende Schritte hört. Offensichtlich hat die Person die Sohlen der Schuhe abgelaufen. Es hört ich nach Schlappen an. Der Mann wartet, bis sich die Schritte die Treppe hinab auf den Hof entfernen.

In dem knapp zwei Quadratmeter großen Abstellraum muss der Mann seine Schultern gleichsam zwischen den Wänden einklemmen. Sein Abfall stinkt und modert in dieser stickigen Luft schon vor sich hin. Er nimmt den Plastikeimer aus dem Regal. Mit Gummihandschuhen trägt er den Eimer so leise wie möglich nach unten. Um nicht gesehen zu werden, schaltet er absichtlich in den einzelnen Etagen kein Flurlicht an. Er kennt die Treppe auch im Dunkeln. Acht Stufen und ein Absatz. Dann wieder acht Stufen. Zweiundsiebzig Stufen bis nach unten. Seine Füße kennen den Abstand zu jeder Stufe so gut, dass er nicht einzeln danach tasten muss. Er weiß, dass die Stufen der zweiten Treppe zwischen dem zweiten und dem dritten Stock höher sind als die übrigen. Anfangs war das ungewohnt. Einmal verstauchte er sich sogar den Fuß. Jetzt aber setzt er die Füße instinktiv richtig.

Riesige Gummikübel für den Abfall stehen hinter den Blumenbeeten an der Zufahrt. Sie stehen im Schatten, den der Ahorn im Licht der Straßenlaterne wirft. Niemand ist im Hof. Er nimmt den Deckel von einem Kübel und geht dicht heran, um einen Blick hineinzuwerfen. Er ist fast leer. Er reicht ihm bis zur Brust, so dass er sich tief hinunterbeugen muss, um den Müllbeutel unten herauszuangeln. Am Boden haben sich verschiedene Flüssigkeiten, die aus den Beuteln gesickert sind, angesammelt und gären mit bestialischem Gestank. Die städtische Müllabfuhr war gestern Morgen da, so dass nur ein Müllbeutel in dem Kübel ist. Der Eimer des Mannes hat genau die richtige Größe für 20-Liter-Beutel. Anfangs transportierte er sie ohne den Eimer. Dann entdeckte er aber auf dem Weg zur Arbeit am nächsten Morgen Schlieren von Schmutzwasser, die sich über die Treppe bis vor seine Tür hinzogen. Der Müllbeutel ist heute besonders schwer. Er hebt ihn vorsichtig mit beiden Händen hoch, und doch tropft faulige Flüssigkeit auf seine in Schlappen steckenden Füße.

Es ist nur gut, dass er bei der Renovierung des engen Badezimmers die Badewanne nicht hat entfernen lassen. Mit seinen fünfzehn Jahren war der Wohnblock schon veraltet, und vor dem Einzug hatte er selbstverständlich die Tapeten und den Bodenbelag, aber auch die Küchenspüle erneuern lassen. Das Porzellan der Badewanne und des Toilettenbeckens wiesen Sprünge auf. Keine der dunkelblauen Kacheln war in Ordnung. Sie bröckelten entweder ab oder waren zu tief in den Zement gesunken. Nach dem Waschen zog er den Stöpsel aus dem Becken. Das Wasser lief ihm über die Füße, anstatt durch das Abflussrohr, wie es hätte sein sollen. Es quoll aus dem Anschluss zwischen Becken und Abfluss. Der Klempner, der das Waschbecken durch ein leichtes Schmutz abweisendes Plastikbecken ersetzte, empfahl ihm, die Badewanne herauszureißen. In einem so kleinen Bad brauche er doch keine Wanne. Heutzutage ersetze man sie durch eine Dusche, bedrängte er ihn. Der Mann ging jedoch nicht auf den Rat des Klempners ein und behielt seine Wanne. Am Abend bereute er es schon. Die Wanne war so klein, dass das Wasser bei jedem Mann von durchschnittlicher Größe überschwappen und der Rest ihm nur knapp den Hintern bedecken würde. Außerdem war sie so kurz, dass gar nicht daran zu denken war, den ganzen Körper in heißes Wasser tauchen zu können. Wenn er die Schultern eintauchen wollte, müsste er die Füße gegen die Wand stemmen, und um seine Beine mit Wasser zu bedecken, müsste er seinen Hintern aus der Wanne heben. Bis er mit seiner Arbeit begann, blieb die Badewanne das Ärgernis, vor dem ihn der Klempner gewarnt hatte.

Der Mann legt den Müllbeutel in die Wanne. Der Geruch in seinem Bad hat sich schon verändert. Wenn es erst Sommer ist, wird er nicht weitermachen können. Er hat seine fünfundvierzig Quadratmeter große Wohnung gründlich mit Chlorbleiche geschrubbt und mit Zitronenspray ausgesprüht, aber es stinkt trotzdem faulig nach halb getrocknetem Fisch. Der Beutel ist weit über der angegebenen Linie zugebunden worden und der hineingestopfte Inhalt quillt an den Seiten heraus. Der

Knoten ist fest geschnürt. Er müht sich damit ab, muss sich aber aufrichten und sich das Kreuz reiben. Irgendjemand hat diesen Beutel wirklich fest verschnürt. Er zieht die Gummihandschuhe aus und versucht es noch einmal mit bloßen Händen, aber viel leichter wird es auch nicht. Man kann es niemandem übel nehmen, wenn er einen Müllbeutel ordentlich zubindet. Niemand denkt ja wohl daran, dass jemand anderes ihn öffnen müsste. Auch der Mann nicht, bis es dann passierte.

Am 1. Januar 1995 begann man damit, die Müllentsorgung zu regulieren. Da er eines Samstags zu viel getrunken hatte, lag er den ganzen Sonntag mit einem Kater im Bett. Es klingelte an der Tür. Er erwartete niemanden. Nach einer Weile klingelte es noch einmal. Er schaute durch das Guckloch. Da die Wohnung schon so alt war, war die Linse verschmiert, so dass ihm nichts übrig blieb, als zu öffnen. Vor seiner Tür standen ein paar Frauen, die sich als Vertreterinnen des Hausfrauenvereins des Wohnblocks ausgaben. Auf einen Blick sah er schon zehn von ihnen, und noch weitere, die keinen Platz im engen Flur hatten, standen auf der Treppe zum vierten Stock. Eine alte Frau mit Leberflecken im Gesicht schob eine jüngere mit der Schulter zur Seite. Diese aber überfiel ihn mit der Frage: „Lernen Sie zur Zeit Hand-Akupunktur?" Da erinnerte er sich an den Kasten mit Geräten und einer Anleitung auf seinem Kleiderschrank. Ein Vertreter hatte ihm die Sachen im Büro aufgeschwatzt, aber er hatte sie sich noch nicht einmal angeschaut. Wie konnten die Frauen, die er nie zuvor gesehen hatte, davon Wind bekommen haben? Die junge Frau stand vor ihm und starrte ihm mit unbeweglichen schwarzen Augen ins Gesicht. Es fiel ihm ein, dass einmal monatlich der Rundbrief des Hand-Akupunktur-Vereins in seinem Briefkasten steckte. Sollten sie seine Post kontrolliert haben? Zorn wallte in ihm auf. „Dann haben wir ja den Täter gefasst!", jubelten die Frauen einstimmig. Sie begannen emsig untereinander zu tuscheln. „Ich habe es doch gesagt." „Es hat sich also doch gelohnt." „Ich hab ihn noch nie gesehen." Wieder schob die Alte mit den Flecken im Gesicht die Junge beiseite. „Sie sind wie einer, der furzt und es dann nicht gewesen sein will." Ein großer Müllsack geht von Hand zu Hand, bis Leberfleck ihn zu fassen kriegt und ihn dem Mann vor die Füße setzt. Geräuschvoll platzt er auf. Mit roten Buchstaben steht darauf gedruckt: „Das Einkaufszentrum am Markt liefert frei Haus". Er sieht mit einem Blick, dass es der Müllsack ist, den er zwei Tage zuvor in die Mülltonne geworfen hat. „Wissen Sie überhaupt, wie viel Mühe es uns gekostet hat, Sie zu finden? Wir haben den Müll durchsucht, als müssten wir Läuse finden." Die Alte wedelt etwas vor seiner Nase herum. „Ausdauer wird belohnt, und schließlich haben wir diesen Briefumschlag entdeckt." Auf dem Briefumschlag stehen deutlich der Name und die Adresse des Mannes in Maschinenschrift. Er stammt von dem Verein für Hand-Akupunktur. Er ist ganz verschmiert von Kimchi-Resten. Jemand schreit von der Treppe nach oben: „Er soll uns bloß nicht weismachen, er hätte nicht gewusst, dass man vorgeschriebene Beutel nehmen muss!" Eine erregte Frauenstimme fügt hinzu: „Gewissenlosen Leuten wie ihm verdanken wir das Chaos, das heute in unserm Land herrscht! Ich habe schon viel mitgemacht, seit ich als Kind mit meinem Vater über den Taedong-Fluss geflohen bin, aber dass ich den Müll anderer Leute durchsuchen muss, das passiert wirklich zum ersten Mal!" Die Alte stößt vernehmlich einen tiefen Seufzer aus. Der Mann erinnert sich vage, etwas von Mülltrennung und genormten Tüten gehört zu haben. „Machen Sie das bloß nicht noch einmal!" Langsam treten die Frauen den Rückzug an. Die junge Frau bleibt hinter den anderen zurück und schaut ihn an. „Ich sehe, Sie sind allein stehend. Nehmen Sie es nicht übel. Aber es passiert nur zu oft. Die genormten Beutel sind gar nicht mal so teuer. Und doch werfen Leute heimlich nachts ihren Müll weg. Die Müllabfuhr nimmt aber nur noch die genormten Beutel mit." Von unten ruft die Alte herauf: „Wo bleiben Sie denn? Kommen Sie schon! Wir müssen noch andere Beutel durchsuchen." Im Runtergehen sagt die junge Frau: „Das kostet 100.000 Won Strafe. Diesmal werden Sie noch nicht angezeigt. Und die Frau hat Arthritis. Wenn sie Ihretwegen nochmal in den fünften Stock hinaufsteigen muss, werden Sie etwas erleben."

Alle Arten von Abfall quollen aus dem geplatzten Müllsack, den die Alte vor seine Tür geworfen hatte. Eine Spur fauliger Flüssigkeit, die aus dem Sack getropft war, zog sich von der Treppe bis zu seiner Wohnungstür. Er zog seine Gummihandschuhe an, um die verstreuten Abfälle vor seiner Tür aufzusammeln. Grünlich angeschimmelte Reiskörner und übrig gebliebene faulige Kartoffelstückchen zerfielen in seiner Hand. Wegen des grässlichen Gestanks war ihm übel. Es handelte sich eindeutig um seinen Abfall, aber er war so fremdartig. Beim Aufsammeln entdeckte er Briefe, die fest zusammengeknüllt gewesen waren. Jetzt waren sie halb auseinandergefaltet. Offensichtlich hatten die Frauen sie untereinander herumgehen lassen. Bei der Vorstellung, wie sie beim Lesen gefeixt hatten, wurde er unsagbar wütend. Seine eigene Handschrift kam ihm fremd vor.

„Der Mann, den du heiraten willst, ist deiner nicht würdig. Ich kenne ihn schon viel länger als du. Ich habe ihn oft von seiner schlechten Seite gesehen, die du nicht kennst. Aber du hast nicht auf meinen Rat gehört und den Hochzeitstag festgesetzt. Heute habe ich euch im Büro herumgehen und Einladungen verteilen sehen. Warum weigern sich deine Augen, seine Fehler zu sehen? Ist es wirklich so, wie gesagt wird, dass man nichts mehr sieht, wenn man wirklich liebt? Es ist auch jetzt noch nicht zu spät. Ich liebe dich mehr als mich selbst."

Er hatte keinen dieser Briefe beendet. An diesem hatte er die ganze Nacht gesessen, als er betrunken war. Am Ende hatte er ihn nicht abgeschickt. Als er den Müllbeutel anhob, fiel der Schraubverschluss einer Schnapsflasche aus dem Riss und rollte auf den Boden. Zwischen den Nudeln, die er sich an dem Abend gekocht, aber gar nicht angerührt hatte, fand sich noch ein weiterer Brief, den er nicht zu Ende geschrieben hatte.

Schließlich geht der Knoten auf. Sofort wird ein Klumpen Abfall herausgedrückt und breitet sich in der Badewanne aus. Zigarettenkippen sind in einem staubigen Haarknäuel verwickelt. Der Mann holt seinen klappbaren Angelstuhl und setzt sich vor der Badewanne darauf. Er zieht seine Gummihandschuhe wieder an und beginnt, die Abfälle genau zu inspizieren. Vor kurzem hat er die Birne im Badezimmer gegen eine 100-Watt-Birne ausgetauscht. Jetzt ist es blendend hell.

Die Haare sind über zwanzig Zentimeter lang. Er hält eine Kippe hoch, die bis zum Filter aufgeraucht ist. Am Ende sind Zahnabdrücke zu erkennen. Den Blick weiter auf die Abfälle gerichtet winkelt er ein Knie an und beginnt, sich Notizen zu machen.

23. April. Kronenkorken von einer OB Lager Bierflasche, Tüten für Sojabohnensprossen der Marke Pulmuone, Sinnamyon Fertignudeln, Coca-Cola, Chamnamu Schnaps...

Das kleine Notizheft ist voll von solchen Listen. Es sieht aus, als gehörten sie zu dem Spiel „Ich sehe was, was du nicht siehst".

Er ist so konzentriert bei der Sache wie ein Uhrmacher, wenn er mit einer Pinzette die Teile einer zu reparierenden Uhr zusammensetzt. Immer wieder unterbricht er die sorgfältige Prüfung des Abfalls, um sich Notizen zu machen. Mentholzigaretten der Marke „Kool". Seine Schrift ist ganz krumm und schief, denn er hält den Kuli mit den Gummihandschuhen oben fest, damit das Heft nicht beschmiert wird. Zwei ineinander geschichtete Styroporschüsseln für Fertignudeln. Beide Portionen waren in einer Brühe mit getrockneten Krabben zubereitet worden. Currysoße der Marke Ottugi. Hier und da entdeckt er Schalen von Kartoffeln und Zwiebeln, die wahrscheinlich in die Soße gekommen sind.

Wenn man den Inhalt eines solchen 20-Liter-Müllbeutels in der Badewanne ausbreitet, ist sie zur Hälfte gefüllt. Kohlblätter und Kartoffelschalen gleiten schleimig durch die Gummihandschuhe. Eiweißhaltige Abfälle stinken am scheußlichsten. Der faulige Geruch von Köpfen und Innereien von Fischen sowie von angenagten Hühnerknochen schlägt ihm entgegen. Ein einzelner Gummihandschuh, an dem ein Hühnerknochen klebt. Die rechte Hand. Der Handschuh ist rosa und am Gelenk ist die Marke aufgedruckt: „Mamis Hände". Der Mann blättert in seinem Notizheft, bis er die Seite findet, wo er vor einigen Tagen die Entdeckung eines linken Gummihandschuhs verzeichnet hat. 5. März. Cheil Jedang Waschpulver (750 g). Kool Zigaretten. Coca-Cola. Nongshim Krabben-Nudeln, „Mamis Hände" Gummihandschuh(rosa, links).... . Die Marke und die Farbe stimmen überein. Dann besteht kein Zweifel mehr. Die Abfälle stammen aus demselben Haushalt.

Der Mann oder die Frau trinkt OB Lager-Bier und Coca-Cola, raucht Kool-Zigaretten und mag Krabben-Fertignudeln. Er oder sie ist Linkshänder und ist entweder eine Frau mit normal langem oder ein Mann mit langem Haar. So viel lässt sich leicht sagen. Es gibt keine Kinder, denn es fehlt jede Spur von Schokoladen- oder Keksverpackungen oder von Einmalwindeln.

Seit dem letzten Winter hat der Mann wohl schon über hundert Müllbeutel untersucht. Dabei hat er natürlich etwas über die Vorlieben aller neunzig Haushalte des Wohnblocks in Erfahrung bringen können. In den kleinen 45 Quadratmeter großen Wohnungen leben zwei Sorten von Leuten. Einmal Ledige wie er selbst und jung Verheiratete, zum andern alte Leute, die ihre Kinder verheiratet und ihre zu großen Häuser verkauft haben, bevor sie hierher gezogen sind. Es sind immer die jungen Leute, die auf Fernsehwerbung für neue Produkte am empfindlichsten reagieren. Sie haben sich noch einen gewissen Sinn für Abenteuer erhalten. Sie zögern nicht, den Saft aus tropischen Früchten in seiner farbenfrohen Verpackung zu kaufen. Sie sind es auch, die im Vergleich zu Menge oder Größe viel zu teure Dinge einkaufen. Er hat seine Unterlagen auch einmal statistisch ausgewertet. Die Frauen in diesem Wohnblock sind meistens berufstätig und verwenden das teurere Spülmittel Trio, weil es die Hände schont. Sie benutzen eine Kombination von Shampoo und Spülung und Binden mit Flügeln.

Der Mann fegt den Abfall in der Wanne wieder in den Beutel. Weil die Flüssigkeit abgelaufen ist, hat sich der Umfang verringert. Den wieder zugeschnürten Beutel trägt er wieder nach unten und wirft ihn in die Mülltonne. Er zieht seine Zigarettenschachtel aus der Hosentasche und steckt sich eine Zigarette in den Mund. Wenn er nur einen Blick auf den Abfall der Frau hätte werfen können, wüsste er etwas über ihren verborgenen Charakter. Dann würde er wissen, dass sie eine Schwäche für Kobaltblau hatte und sich zu Männern hingezogen fühlte, die gut reden konnten und sich anständig kleideten.

Mit der Heirat hörte sie auf zu arbeiten. Obgleich er wenig Lust dazu hatte, nahm er an der Einweihungsfeier für die neue Wohnung der beiden teil, um sie ein letztes Mal zu sehen. Sie hatte das Haar straff nach hinten gebunden und setzte sich in ihrer Schürze neben ihn, als wäre nichts dabei. Nachdem alle reichlich getrunken hatten und die Stimmung reif dafür war, fragte jemand: „Miss Kim ... oder sollte ich jetzt lieber Mrs. Park sagen? Was fanden Sie so anziehend an Mr. Park?" Sie lächelte verlegen und sagte, es seien seine kobaltblauen Hemden gewesen.

Nichts änderte sich an dem jüngeren Kollegen nach der Heirat. Er saß immer noch mit ihm im gleichen Buchhaltungsbüro. Er hatte das Studium zwei Jahre vor ihm abgeschlossen und war rasch befördert worden. Sein Schreibtisch stand direkt hinter seinem. Immer wenn er seine perfekt gestärkten Hemden und seine gebügelten Anzüge sah, musste er an die Frau denken, die mit ihren langen weißen Fingern an der Schreibmaschine gesessen hatte. Eines Tages hörte er, wie sich der Mann vor der Kaffeemaschine bei seinen Kollegen über sie beschwerte: „Sie kauft mir immer diese verdammten kobaltblauen Hemden. Mir wird schon schlecht, wenn ich das Wort Kobalt nur höre!" Ein anderes Mal sah er ihn mit einer neuen Angestellten aus einem eleganten Restaurant kommen. Und seine Frau hat immer noch keine Ahnung, was für ein Mann dieser Kerl wirklich ist.

Auf dem Rückweg stößt er mit dem Zeitungsjungen zusammen, der die Treppe eilig heruntergesprungen kommt. Als er schon weiter entfernt ist, hält sich der Junge die Nase zu. Mit kindlichem Blick schaut er dem Mann in Gummihandschuhen hinterher. Auch er selbst trägt einen Gummihandschuh an der Hand, mit der er nicht die Zeitungen hält. Er bekam an der Unterseite des Gelenks rote Ausschläge von der Berührung mit dem Metall, wenn er die Zeitungen durch das Loch in der Tür steckte. Darum hatten die Zeitungsjungen und Milchlieferanten begonnen, Gummihandschuhe zu tragen. Der Junge springt mit seinen langen Beinen den Rest der Treppe hinunter zum nächsten Flur. So sehr der Mann die Badewanne und die Kacheln auch mit Wasser und Chlorbleiche abschrubbt, die ganze Wohnung stinkt noch nach diesem Abfall. Eins nach dem anderen erlöschen auch wieder die Zeitlichter in den Fluren, die der Junge angeschaltet hat. Es ist schon nach vier Uhr morgens.

Als die Türklingel ging, war der Mann dabei, auf dem Boden die Teile einer zerrissenen Rechnung zusammenzusetzen. Er hatte sie am Abend vorher in dem Müllbeutel gefunden. Die mit Klebestreifen zusammengeheftete Rechnung weist hier und da noch Lücken auf. Gelegentlich hat er sogar Rechnungen gefunden, die nicht einmal zusammengeknäuelt waren. Es ist natürlich am besten, wenn sie nicht beschmiert sind, aber selbst wenn sie mit Speiseresten bedeckt sind, macht es nichts. Wenn er schnell Wasser darüber laufen lässt und sie dann mit dem Bügeleisen trocknet, lässt sich die Schrift noch ohne weiteres lesen. Aber diese Rechnung hier ist in so kleine Stücke zerrissen, dass er sie wie ein Kinderpuzzle wieder zusammensetzen muss. Allmählich hat er den Namen beisammen. Kim...-hun. Die Türklingel geht, gerade als er auf dem Boden nach dem fehlenden Stück Ausschau hält.

Die Person, die geschellt hat, scheint sich gegen die Tür gelehnt zu haben. Er versucht die Tür zu öffnen, spürt aber den Widerstand auf der anderen Seite. Die Tür bewegt sich nicht. Der Fremde stützt sich mit den Beinen ab. Erst nachdem der Mann mehrmals anschiebt, spürt es der Fremde und geht zögernd zur Seite. Er ist so betrunken, dass er sich kaum aufrecht halten kann. In einer Hand hält er einen großen Blumenstrauß. Die Hemdzipfel hängen ihm aus der Anzughose und bedecken seine Beine wie ein Tischtuch. „Entschuldigung." Wie ein Bär fällt er mit seinem massigen Körper auf die Schulter des Mannes. Dieser stemmt sich fest mit den Beinen auf, um das Gleichgewicht nicht zu verlieren. Er schätzt, dass der Betrunkene wohl seine hundert Kilo haben mag. Er zappelt unter dem Gewicht wie ein Affe in den Fängen eines mächtigen Bären. Der Fremde schaut auf den Mann herab und beginnt wieder zu murmeln. „Tut mir Leid." Sein unangenehmer Atem schlägt ihm ins Gesicht. Er murmelt weiter etwas Unverständliches vor sich hin, während er über seiner Schulter hängt. Er scheint sich für irgendetwas entschuldigen zu wollen. Mit nicht geringer Mühe öffnet er die Augen und schaut den Mann direkt an, wobei seine Augen in verschiedene Richtungen blinzeln. Der Mann ist im Unterhemd. Jetzt sind die Augen des Fremden weit offen. „Huch. Wer sind Sie denn? Und was machen Sie hier in dieser Wohnung?" Er versucht den Fremden, der sich stur in den Eingang geschoben hat, hinauszubugsieren. „Was soll denn das? Es ist mitten in der Nacht. Sie haben sich in der Wohnung geirrt." Mit Gewalt kann er den Fremden nicht zum Gehen bewegen. „Was? Diese Wohnung finde ich auch mit geschlossenen Augen." Der Fremde beginnt zu schreien: „Wo bist du? Du brauchst dich nicht zu verstecken. Komm raus!" Plötzlich geht er einen Schritt zurück und muss sich übergeben. Er kotzt die Schuhe des Mannes im Eingang voll.

„Ist dies nicht Nr. 507? Sam-Gwang-Apartment 507?"

Der Fremde spricht jetzt, wo die Wirkung des Alkohols allmählich nachlässt, deutlicher. Die Birne der Flurbeleuchtung ist schon seit langem kaputt. Die Leute aus Nr. 507 sind wohl mit den Möbeln daran gestoßen, als sie auszogen. Man kann immer noch die Glühdrähte in der zerbrochenen Birne erkennen. Die Klingeln für Nr. 507 und Nr. 508 liegen ganz dicht nebeneinander. Der Fremde wollte wohl bei Nr. 507 klingeln, hat aber den Knopf von Nr. 508 erwischt.

„Oh, entschuldigen Sie vielmals." Der Fremde schaut abwechselnd auf den Mann und das Erbrochene auf dem Boden, bevor er auf die Treppe zugeht und sich dort kraftlos hinsetzt. Es stinkt säuerlich. Während der Mann Wasser auf den Boden schüttet und den Dreck zusammenkehrt, stellt der Fremde sich mühsam auf die Beine und klingelt bei Nr. 507. Die Wohnung ist leer. Seit Tagen hat es dort kein Lebenszeichen gegeben. Wenn jemand dort wäre, hätte schon längst jemand herausgeschaut, was wohl der Lärm draußen zu bedeuten hätte. Der Fremde drückt weiter die Klingel. Von innen schallt das Kuckucksrufen, das in diesen Wohnungen das Klingelzeichen ist. Da niemand die Tür öffnet, haut der Fremde geräuschvoll mit der Faust dagegen. „Ich hab doch gesagt, dass es mir Leid tut. So mach schon auf!"

Kim...-hun. Er hat den ganzen Boden abgesucht, kann aber das fehlende Teil nicht finden. Es scheint in einem anderen Müllbeutel gelandet zu sein. Diese Rechnung war in einem Beutel mit Bohnenschoten. Der Mann blättert in seinen Notizen. Bohnenschoten. Wippe. Klettergerüst. Junge. Pfützen. In dem Müllbeutel waren knisternde Zellophantüten für Kuchenteilchen und gut abgenagte Hühnerknochen. Es war offensichtlich eine fleißige Frau, der es nichts ausmachte, aufwendige Mahlzeiten zu kochen. Es gab auch eine Zahnbürste mit ausgedünnten und ganz verbogenen Borsten. Wieder geht die Klingel. Der Fremde drückt ihm den Blumenstrauß in den Arm. Rosen. „Geben Sie die Blumen Ihrer Nachbarin. Sie hat heute Geburtstag." Der Mann geht die Treppe hinunter, indem er sich an der Wand abstemmt. Der Mann zählt dreißig rote Rosen.

Auf der Veranda von Nr. 507 hängt schon seit Tagen ein Paar gelbe Socken auf der Leine. An den Fersen und den Spitzen, wo das Waschpulver sie nicht sauber bekommen hat, sind sie noch dunkel. Vielleicht hat sie nasse Füße bekommen. Es sind vier Tage her, seit der Fremde da war. Dennoch hat der Mann seine Nachbarin noch nicht gesehen. Er hat kein Lebenszeichen feststellen können. Der Mann macht einen Spaziergang um den Block. Vom Fuß des Walls schaut er zu Nr. 507 hinauf. Ein paar Scherben der zerbrochenen Verandaverglasung hängen noch im Rahmen. In der Etage brennt nur in den Wohnungen Nr. 507 und 508 kein Licht. In den letzten Tagen hat er bis abends gearbeitet. Wenn erst der Termin für die Abrechnung der Mehrwertsteuer vorbei ist, wird er wieder zur normalen Zeit nach Hause kommen.

Die Blumen vor seinem Fenster beginnen zu welken. Die Blütenblätter werden am Ende schwarz und vertrocknen. Nur eine Wand trennt die Wohnungen Nr. 507 und Nr. 508. Der Mann beginnt die Möbel von der gemeinsamen Wand an die gegenüberliegende zu rücken. Es dauert den halben Sonntag, bis er den Schrank auseinandergenommen und an der anderen Seite wieder aufgebaut hat. An die Stelle, wo der Schrank stand, rückt er sein Bett. Die Wand kann höchstens zwanzig Zentimeter dick sein. Er streicht mit der Hand über die Tapete. Er legt sich hin mit dem Gesicht zur Wand und lauscht. Beim kleinsten Geräusch von außen zuckt er zusammen. Außer ihm selbst kommen nur zwei Leute bis zum fünften Stock herauf. Die Frau und der Fremde. Wenn er die Zimmertür auflässt, kann er alle Schritte auf der Treppe hören. Entgegen seiner Hoffnung kommen die Schritte nur bis zum vierten Stock. Keime der Neugier nisten sich in ihm ein wie von irgendwoher herangewehte Pusteblumensamen.

Einen Moment lang glaubt er zu hören, wie ein Schlüssel ins Schloss gesteckt wird und der Bolzen sich zurückschiebt. Da wird von einer Hand mit rotem Gummihandschuh geräuschvoll die Zeitungsluke geöffnet und die Morgenzeitung durchgesteckt.

Auf dem Weg von der Bushaltestelle nimmt der Mann absichtlich den Weg, der hinter dem Haus entlangführte. Er schaut zur Veranda von Nr. 507 hinauf. Als er sieht, dass die gelben Socken von der Leine verschwunden sind, weiß er, dass die Frau wieder zurückgekehrt ist.

Ihretwegen hat er das Durchwühlen der Müllbeutel unterbrochen. Jetzt hält er die Badezimmertür immer fest verschlossen, damit der Geruch nicht nach außen dringt. Bei geschlossener Tür hallt selbst das Tropfen von Wasser lauter. Es ist auch nicht möglich, das Geschehen draußen zu verfolgen. Er isst jetzt immer früh zu Abend, so dass er sich ganz dicht an der Wand aufs Bett legen kann. Schon eine Weile hat er damit gewartet zur Toilette zu gehen, weil die Frau ja inzwischen nach Hause kommen könnte. Weil er es schließlich nicht mehr aushalten kann, steht er auf. Als er aus dem Badezimmer kommt, sieht er eine kleine Made sich auf dem Boden winden. Es ist zwar fast Sommer, aber eigentlich zu früh, dass Maden ihre Eier legen. Außerdem hat er den Boden mehrmals mit Chlorwasser gewischt. Die Made bewegt sich nur ein ganz klein wenig vorwärts, wer weiß wohin. Er nimmt sie mit einem Papiertaschentuch auf und spült sie im Klo fort.

Eine zweite Made findet er an der Schwelle zum Schlafzimmer. Er kriecht vom Zimmer in die Küche und beginnt, in allen Ecken nach weiteren Maden Ausschau zu halten. Er nähert sich dem Fenster, wo er den Rosenstrauß zum Trocknen aufgehängt hat. Eine ununterbrochene Reihe von Maden krabbelt in der Ecke herab. Einige konnten sich nicht halten und sind auf den Boden gefallen, wo sie zu kleinen Bällen zusammengerollt verdörren. Zahllose Maden krabbeln an der Innenseite der Zellophanverpackung. Der Mann öffnet das Verandafenster und wirft den Rosenstrauß in die Anlagen unten.

Der Mann ist dabei sich zu rasieren, als er auf dem Flur Bewegung hört. Er läuft rasch ins Schlafzimmer, zieht sich eine Hose über und ist schon an der Tür. Er will sich zu schnell anziehen, wobei er sich verheddert. Er muss die Frau treffen. Er muss ihr von dem Mann und dem Rosenstrauß erzählen. Er reißt die Tür auf, aber niemand ist mehr dort. Das Klappern von Absätzen ist von der Treppe unten zu hören und entfernt sich langsam. In aller Hast schaut er das Treppenhaus hinunter. Durch das Geländer schimmert etwas bis ganz nach unten und verschwindet dann. Wie ein gelber Schmetterling flatterte es auf. Ob das die Socken waren, die die Frau auf der Veranda zum Trocknen aufgehängt hatte? Erst jetzt merkt er, dass er barfuß ist. Wann wird sie wohl nach Hause kommen? Letzte Nacht ist er bis drei Uhr wach geblieben. Trotzdem hat er niemanden gehört, der bis in den fünften Stock hinaufgekommen wäre. Vielleicht war sie ja überhaupt nicht fort und die ganze Zeit über zu Hause.

Alles, was im leeren Treppenhaus zurückbleibt, sind Spuren ihres Parfüms. Das eine Weile lang bei den weiblichen Büroangestellten in seiner Firma beliebte „Poison" ist es nicht. Es ist dezenter, lässt die Nase aber aufmerken. Der Mann inhaliert den Duft tief, so dass sich seine Lungenflügel dehnen. Was für eine Frau mag sie sein? Von diesem Zeitpunkt an muss er sie einfach kennen lernen.

Der Mann hebt die äußere Klappe des Zeitungslochs hoch und ein innerer Deckel kommt zum Vorschein. Als er ihn über dem postkartengroßen Loch hochschiebt, wird der Eingangsbereich von Nr. 507 sichtbar. Seine eine Backe auf dem Zementboden ist ganz kalt. Ein Paar Hausschlappen steht ordentlich nebeneinander. Sie haben einen senffarbenen Streifen mit gestickten Blümchen über dem Spann. Er langt mit der Hand durch das Loch und tastet innen umher. Die Schlappen spürt er nicht. Das Gefühl, sie finden zu müssen, macht es ihm nur noch schwerer. Er hat nur zehn Minuten, wenn er das Haus pünktlich zur Arbeit verlassen will. Seine Haut schabt auf, als er den Arm bis zur Achsel durch das Loch schiebt. Sein Gesicht ist dicht an die Tür gepresst. Es dauert länger, da er den Arm jedes Mal herausziehen muss, um die Entfernung zu berechnen, um ihn dann wieder hineinzustecken. Dann kommt ihm die Idee, einen Kleiderbügel zu einem Haken zu biegen und ihn durch das Loch zu schieben. So gelingt es ihm, die Schlappen zu sich heranzuziehen. Schließlich erreicht er mit der Hand einen der Schlappen. Er ist alt und abgetragen. Danach zu urteilen, wo der Plüsch auf der Innensohle abgeschabt ist, müsste sie kleine Füße haben, etwa Größe 36. Die Plastikkappe an der Spitze des Schlappens löst sich schon auf und ist verblasst. Die Farbe war früher ein sattes Gelb und ist jetzt zu einer vagen Senffarbe verblasst. Der Mann versteckt den Schlappen tief in seinem Schuhschrank. Verflixt! Er wird wieder zu spät kommen. Er spannt die Lippen und seufzt tief. Er ist selbst überrascht über sein munteres Pfeifen. Na so was. Ich pfeife? Er springt vergnügt die Treppe hinunter und rennt zur Bushaltestelle.

Zwei Wochen vergehen. Die ganze Zeit über hat er Müllbeutel in den fünften Stock hinaufgeschleppt. Die Müllabfuhr kommt alle zwei Tage. Wenn er nur einmal aussetzte, könnte er auf immer die Chance verpassen, ihren Abfall zu finden. Am fünfzehnten Tag entdeckt er in einem Müllbeutel den zweiten Schlappen. Den mit der Blumenstickerei. Der Müllbeutel war nicht ganz voll und die Schnur ging mit einem Ruck auf. Die Frau wird zwei Wochen lang immer wieder das Zimmer und den Schuhschrank nach dem vermissten Schlappen abgesucht haben. Heute hat sie es endlich aufgegeben und den unnützen zweiten weggeworfen. Flecken von einem tiefroten Saft färben die Stickerei. Der Mann holt den zweiten Schlappen aus seinem Schuhschrank und stellt sie nebeneinander. Sie sind auf verschiedene Weise gealtert. Beim zweiten kommt die Schaumgummischicht an der Innensohle durch. Der Mann öffnet den Müllbeutel und zieht den Inhalt heraus. Teebeutel von grünem Tee, dicke Orangenschalen, Diät-Coca-Cola. Nur kalorienarme Lebensmittel. Er hält eine Plastiktüte hoch, die bis auf den letzten Tropfen geleert ist. Es war ein Weichspüler mit Mimosenduft. Trotz der fauligen Reisreste, die daran kleben, erkennt er durch den Gestank hindurch den frischen Duft wieder, den er im Flur gespürt hat. Ganz unten im Müllbeutel gammelt die Sahnetorte, die sie nicht einmal angerührt hat. An Stellen, wo die milchfarbene Sahne abgekratzt ist, scheint die dreischichtige, mit Weintraubengelee gefüllte, Torte durch. Darauf blühen zarte Schimmelblumen. Auf der Sahne selbst sind nur noch die roten Stellen zu erkennen, wo sie mit

Kirschen dekoriert war. Sie scheint nur die Kirschen, Ananas und Mandarinen von oben abgegessen zu haben. Er untersucht jedes einzelne Fitzelchen Papier. Eins ist eine Fahrkarte nach Kurye mit dem Mugunghwa-Zug. Sofort stellt er sich vor, wie sie im Chiri-Gebirge wandert. Ihre gelben Socken werden schmutzig, als sie über nasse Wege geht. Auf einem Zettel ist eine siebenstellige Telefonnummer notiert. Es gibt auch eine Rechnung für noch nicht bezahlte Pieper-Gebühren. Er wischt die Sahne fort und entdeckt ihren Namen und ihre Pieper-Nummer. Choe Ji-Ae. 012-343-7890.

Der Mann steht in einem Supermarkt und hält einen großen gelben Einkaufskorb. Darin liegen ein Wäsche-Weichspüler mit Mimosenduft und eine Sparflasche Chlorbleiche mit einem Griff wie bei einer Rum-Flasche. Auf den Regalen mit wenig gekauften Waren hat sich Staub abgelagert. Vor dem Kosmetikstand steht eine wie ein Mannequin dick geschminkte Verkäuferin, hält die Vorübergehenden an und drückt ihnen Befragungszettel in die Hand, während sie immer wieder die gleichen Sprüche wiederholt. „Heute unser Sonderangebot. Wer den Zettel ausfüllt, bekommt Gratisproben!"

Jedes Jahr bringen die Firmen Dutzende neuer Produkte heraus. In seiner eigenen Firma zerbrechen sich die Leute in der Abteilung für neue Produkte den Kopf, wie sie einen solchen Hit wie die Krabben-Kräcker von Nongshim kreieren könnten. Sie händigen im ganzen Land Tausende und Abertausende von Fragebögen aus, um den Geschmack der Verbraucher zu ermitteln. Der Mann weiß alles über die verschiedenen Geschmäcker der Leute in seinem Wohnblock. Er hat einmal in einem Buch über eine soziologische Erhebungsmethode gelesen, die sich „Abfalllogie" nannte, durch die man Gewohnheiten einer bestimmten Gruppe durch Untersuchung ihrer Abfälle zu ermitteln versuchte. Die Analyse einer Müllkippe war sicherlich zuverlässiger als die ungenauen Umfragen. Abfälle lügen nicht. Gerade im Abfall finden sich exemplarische Lösungen bei der Spurensuche. Solche Gedanken lässt er sich durch den Kopf gehen, während er zwischen den Regalen des Geschäfts umhergeht.

Auf der Treppe des 5. Stocks sitzt der Fremde. Er nimmt so viel Platz ein, dass der Mann warten muss, bis er zur Seite rückt. Als er merkt, dass der Mann da steht, erkennt er ihn sofort und streckt ihm die Hand entgegen. Er spürt die Kraft des Mannes in der Hand, die wie ein Boxhandschuh zulangt. Seine Augen sind blutunterlaufen. Neben ihm auf der Treppe steht eine große Tortenschachtel.

„Entschuldigen Sie, aber ich konnte den Blumenstrauß nicht weitergeben. Ich habe ihre Freundin nicht zu Gesicht bekommen."

„Sie war verreist."

„Sie haben Sie also getroffen, die Frau?"

Der Fremde zieht die Augenbrauen zusammen und wischt sich mit den Händen über das Gesicht, als wüsche er sich.

„Nein. Ein Freund hat es mir gesagt. Ach so, dies hier ist..."

Als er sieht, wie der Mann auf die Tortenschachtel schaut, schiebt er sie auf ihn zu. „Ich hoffe, ich darf Sie noch einmal um diesen Gefallen bitten. Würden Sie ihr die Schachtel bitte geben? Sie war so lange fort, da wird sie jetzt ein Weilchen zu Hause bleiben." Der Mann nimmt die Schachtel mit einer Hand entgegen, da er in der anderen seinen Einkaufsbeutel hält. Die blutunterlaufenen Augen des Fremden weiten sich, als die Torte in der Schachtel etwas verrutscht. „So seien Sie doch vorsichtig! Wenn Sie die Schachtel schräg halten, zerquetscht die Torte doch." Das breite Gesicht des Fremden verzieht sich, als er das Wort „zerquetscht" ausspricht. Es scheint wieder eine Sahnetorte zu sein. Vielleicht ist sie wieder mit frischen Früchten, mit Kirschen und Ananas dekoriert?

Der Fremde lächelt. „Sie isst Sahnetorte so gern. Ich bin auch ganz wild darauf." Er redet wie zu sich selbst. „Vielleicht können wir bald wieder gemeinsam Torte essen."

Der Fremde nickt ihm leicht zu und beginnt, die Treppe hinunterzugehen. Die Torte ist schwer. Als der Mann die Tür öffnet, hört er den Fremden unten leicht aufstöhnen. Sicher hat er sich den Fuß nach dem dritten Stock vertreten. „Ach so, was ich noch fragen wollte..." Der Mann schaut über das Geländer hinab. Einige Etagen tiefer schaut das große Gesicht des Fremden zu ihm herauf. „Diese Frau. Wissen Sie vielleicht..." Der Mann spricht nicht weiter. Der Fremde weiß offensichtlich nicht, dass sich die Frau nichts aus Sahnetorte macht. Vielleicht hat damit ja das Problem zwischen ihnen begonnen? Wie soll er dem Fremden das aber klarmachen, ohne dass der es missversteht? Er wird ihn für verrückt halten, wenn er ihm sagt, dass er den Abfall durchsucht hat. Wenn er ihm sagt, die Frau habe es ihm gesagt, wird der Fremde denken, es sei etwas zwischen ihnen. Irgendwas sei da nicht in Ordnung. Der Mann schaut fragend zu ihm herauf. Er muss irgend etwas sagen. „Und wenn ich sie wieder ein paar Tage lang nicht sehe?" Der Fremde lächelt und zeigt seine gelben Zähne. „Dann essen Sie sie selbst auf." Sein Lachen entfernt sich allmählich.

Die Frau macht jetzt eine Diät. Was die Frau hasst, ist nicht der Mann, nur seinen hundert Kilo schweren Körper. Sie ist es leid, so zu tun, als möge sie dieselben Torten wie er. Das Missverständnis, das begann, als er davon überzeugt war, sie liebe Sahnetorten, löste den Bruch zwischen ihnen aus. Sie wären vielleicht noch zusammen, wenn der Fremde sich nur einmal ihren Abfall angeschaut hätte.

Die Torte in seinem Kühlschrank wird allmählich härter. Er hat die Frau immer noch nicht gesehen. Er verpasst sie immer wieder. Jedes Mal, wenn er hinauseilt, um sie zu treffen, ist keine Spur mehr von ihr zu sehen, nur noch der Mimosenduft hängt in der Luft. Der Mann schlägt sein Notizheft auf. Choe Ji-Ae. 012-343-7890.

„Hallo? Hier 7890." Die Frau, die antwortet, kaut vernehmlich ein Kaugummi und spricht mit leiser Stimme. „Ich soll eine Torte bei Ihnen abgeben, aber ich konnte Sie nicht erreichen." Jetzt bläst die Frau Ballons mit dem Kaugummi. Die Blase zerplatzt über ihren Lippen. „Wovon reden Sie überhaupt?" Sie versucht, den Kaugummi mit der Zunge zu entfernen. „Sie sind doch Frau Choe Ji-Ae. Ich bin Ihr Nachbar von nebenan." Plötzlich wird sie ärgerlich. „Das kann doch nicht wahr sein! Irgendein Mann hinterlässt dauernd merkwürdige Nachrichten auf meinem Pieper, und jetzt das hier! Was fällt Ihnen eigentlich ein? Ich bin jedenfalls nicht Choe Ji-Ae. Ich habe diese Nummer schon über einen Monat."

Die Tür zur Wohnung 507 steht weit offen. Der Mann holt die Torte aus dem Kühlschrank und betritt schleunigst die Nachbarwohnung. Ein nach Eheleuten aussehendes Paar mittleren Alters ist dabei zu tapezieren. Ohne die Möbel wirkt das Innere größer als erwartet. Die ganze Wohnung riecht beißend nach Kleister. Der Mann mittleren Alters steht auf der Leiter und hält ein mit Kleister bestrichenes Tapetenstück. Er schaut auf den Mann im Eingang. „Was gibt's? Haben Sie etwas zu tapezieren? Wir machen Ihnen einen guten Preis", sagt lächelnd die Frau mit ihrem Pinsel, von dem der Kleister tropft. Zwei Arbeiter mit einer großen Scheibe kommen die Treppe herauf und der Mann macht ihnen Platz am Eingang. Die Arbeiter entfernen das zerbrochene Glas auf der Veranda und beginnen, die neue Scheibe einzusetzen.

Der Fremde sucht etwas in den Anlagen hinter dem Haus. Als der Mann sich zu erkennen gibt, schaut er mit gerötetem Gesicht auf und atmet schwer. Der Mann geht in die Anlagen hinunter. Das aufgeschossene Unkraut reicht ihm bis zu den Knien. „Entschuldigen Sie, ich habe Ihren Kuchen aufgegessen. Ich habe eine ganze Woche dafür gebraucht." Der Fremde hält einen abgebrochen Ast in der Hand. „Sie ist umgezogen. Aber das wussten Sie ja sicher." Er nickt vor sich hin und stochert mit dem Stock im Unkraut.

„Was machen Sie hier?"

„Letzten Sommer haben wir auf Chejudo Urlaub gemacht. Ji-Ae liebt das Meer." Der Blick des Fremden trübt sich ein wenig, als wolle er die Erinnerungen zurückrufen. Was Choe Ji-Ae mochte, waren die Berge, nicht das Meer. Der Fremde lässt seinen Blick in die Ferne schweifen und redet weiter vor sich hin: „Ich kaufte ihr einen kleinen Harubang. Sie wissen schon, das Andenken, das man eben aus Chejudo mitbringt. Diese kleine Steinfigur mit den vielen Löchern, weil sie aus Vulkangestein gemeißelt ist. Als wir neulich den Streit hatten, hat sie ihn zum Fenster hinausgeworfen. Er muss hier irgendwo sein, aber ich kann ihn nicht finden."

Der Mann und der Fremde befinden sich auf einem hundert Meter langen Grasstreifen. Es wird nicht leicht sein, eine kleine Steinfigur in so dichtem Gras zu finden. „Fangen wir jeder an einer Seite an und gehen die Strecke noch mal durch." Der Mann schaut sich um und findet einen Stock. „Haben Sie wirklich nichts anderes zu tun?" Der Mann nimmt seinen Stock und begibt sich an sein Ende des Grasstreifens. „Zeit ist alles, was ich habe." Er fährt mit dem Stock durch das Gras und sucht den Boden ab. Als er aufschaut, sieht er, wie der andere sich den Schweiß aus dem geröteten Gesicht wischt. Es ist ein drückend heißer Tag. Die Mittagstemperaturen liegen bei 28 Grad. ‚Heute Abend werde ich mir noch einen vornehmen. Das soll wirklich der letzte sein.' Der Mann löst seine Krawatte und steckt sie in die Jackentasche seines Anzugs. ‚Es ist schon merkwürdig. Dass sich die Wahrheit in einem Müllbeutel versteckt!' Der Mann beginnt wieder, das Gras mechanisch mit seinem Stock zu durchstöbern.

Jo Kyung Ran

Das französische Brillengeschäft

„Nehmen Sie die Linse auf den rechten Zeigefinger, so, und schieben Sie mit dem linken das Augenlid hoch. Ja, so ist's gut. Jetzt schieben Sie mit dem rechten Mittelfinger das untere Augenlid zurück und setzen die Linse vorsichtig auf die Pupille. Drücken Sie sie dabei ganz leicht an. Wenn eine Wimper dazwischen gerät, haftet sie nicht... Hahaha, zuerst ist es mühsam. Versuchen Sie es nochmal. Mit der linken Hand, ja so. Noch ein wenig dichter... Sollen wir eine kleine Pause machen? Sie sind ja richtig ins Schwitzen gekommen. Entspannen Sie sich, sonst klappt es nicht. Ich könnte sie Ihnen auch einsetzen, aber wenn Sie es selbst machen, können Sie die Augen besser aufspreizen. Nun nochmal... Ja so, noch etwas näher heran... Wenn Sie so weitermachen, kommen Sie heute nicht mehr nach Hause. Das macht Sie verrückt? Ein bisschen verrückt schadet ja nicht. Ich setz mich erst einmal und Sie können allein weiter üben."

Schon über eine halbe Stunde versuchte der junge Mann von etwa Mitte zwanzig vergeblich, sich die eine Linse einzusetzen. Über zwei Dutzend Mal hatte ich die Linse wieder in der Kochsalzlösung gespült. Manchmal gibt es zwar Leute, die es gleich beim ersten Mal schaffen, aber es gibt auch solche, denen es zigmal nicht gelingen will, besonders wenn sie kleine Augen und dichte Wimpern haben. Von dem Moment an, wo ich sein Gesicht berührt hatte, war der Mann ins Schwitzen geraten, selbst wenn wegen der Klimaanlage nur vierundzwanzig Grad im Raum herrschten. Vielleicht hätte er weniger geschwitzt und es wäre ihm auf Anhieb gelungen, wäre ich keine Frau gewesen. „Jetzt mal ganz mit Ruhe...", sagte er, aber die Augenlider und die Hände zitterten ihm. Wenn ich mich nicht irrte, würde er bald vorschlagen, dass er zu Hause üben würde, wenn ich ihm genügend Reinigungsflüssigkeit mitgäbe, und dann verschwinden.

Ich ging in die Küche hinter dem Geschäft und holte ein Erfrischungsgetränk aus dem Kühlschrank. Hastig trank er es aus und wandte sich wieder dem Spiegel zu. Auf dem Sofa schlug ich die schon gelesene Zeitung auf und behielt mit einem Auge den Mann im Blick, der gekrümmt vor dem Spiegel saß, als wollte er hineinkriechen. Er trug enge Jeans, und sein Hintern auf dem Hocker war prall wie ein Rugbyball. Geräuschvoll blätterte ich in der Zeitung. Die Intuition einer Frau über dreißig trügt selten. Darin besteht ihre Lebenskunst. Der Mann zog ein Taschentuch aus der Hose und wischte sich den Schweiß aus dem Gesicht. Er werde es zu Hause weiter versuchen und am nächsten Tag wiederkommen.

„Das Herausnehmen geht am besten, wenn Sie das Augenlid mit dem linken Mittelfinger herunterziehen und die Linse mit Daumen und Zeigefinger vorsichtig entfernen. Zum Säubern geben Sie ein, zwei Tropfen Reiniger in den Behälter und lassen die Linsen zwanzig bis dreißig Sekunden darin, so dass die Eiweißspuren beseitigt werden. Dann spülen Sie sie in destilliertem Wasser. Vor dem Einsetzen und Herausnehmen sollten Sie sich immer die Hände waschen..."

Im Laufe der Zeit hatte ich mir angewöhnt, die Welt durch die 3,60 m mal 2,40 m große Ladenscheibe zu sehen und zu beurteilen. Immer gingen mir irgendwie bekannt vorkommende Menschen vorüber, und niemals war die Straße völlig leer. Es fuhren mehr Lastwagen als Taxis vorbei. Hier verkehrten die Busse der Linien 60, 11 und 16, und noch häufiger flitzten schlanke Fahrräder mit glänzenden Felgen vorüber. Wenn man das Geschäft betrat, befand sich dort ein lang gestreckter, L-förmig abgewinkelter Schaukasten. Einmal habe ich den Abstand zwischen Wand und Schaukasten ausgemessen, der an der langen Seite genau fünfzig Zentimeter beträgt. In diesen schmalen Zwischenraum stellte ich einen runden Plastikhocker und schaute an die Wand gelehnt zum Fenster hinaus. Die Wand über mir hatte Nischen mit Sonnenbrillen. Wer lange von einer Stelle aus aus dem Fenster schaut, weiß, dass man die Zeit, auch ohne auf die Uhr zu sehen, einigermaßen genau abschätzen kann. Wenn z.B. Fräulein Chang, die Helferin des Augenarztes, die Telefonzelle gegenüber betrat, war es mit Sicherheit vier Uhr nachmittags, denn Fräulein Chang in ihrem hellrosa Kittel telefonierte jeden Tag zur gleichen Zeit. Als ich bei einer Begegnung im Supermarkt auf der Ladenzeile ihr gegenüber bemerkte, sie habe wohl einen heimlichen Schatz, lächelte sie errötend. Und wenn ich mir nachmittags um vier die Liebesbotschaften vorstellte, die Fräulein Chang dort gegenüber austauschte, klingelten mir die Ohren und mir wurde ganz schwach. Aber es war nicht nur sie allein. Wenn der kleine Mann mit den behaarten Beinen mit zwei Videokassetten am Geschäft vorbeikam, das er allerdings noch nie betreten hatte, war es todsicher acht Uhr. Er lieh immer zwei Kassetten aus. Fräulein Choe vom Café Mirabeau kam beim Austragen der Bestellungen sehr häufig am Geschäft vorbei, und je näher der Abend rückte, desto gespannter wurden ihre Waden, meinte ich wenigstens mit sicherem Blick zu erkennen.

Viele, viele Stunden hatte ich gebraucht, um die Welt durch die Schaufensterscheibe zu betrachten und zu verstehen. Vielleicht ist das gar nicht möglich, wenn man nicht darauf verzichtet, sich gegen das Leben zu wehren. Da ich noch niemals auch nur im Traum daran gedacht hatte, mich gegen meine Lebensumstände aufzulehnen, hatte ich mich ihnen allmählich angepasst. Warum ich bisher noch nie ernsthaft an Selbstmord gedacht hatte, ist mir unerfindlich. Beim bloßen Gedanken daran schien sich die Zeit aufzubäumen und mich zurückzuhalten. In meinem Alter musste ich noch durchhalten. Das Leben bestand für mich nur darin, das Heute zu ertragen. Noch durfte ich nicht aufgeben. Aber es gab bislang niemanden, der mir gezeigt hätte, wie man das Leben durchstehen kann.

Während ich im Sitzen die Brillengestelle in der Auslage etwas neu arrangierte, lenkte irgendetwas vor dem Fenster meine Aufmerksamkeit auf sich. Ich hob den Kopf, um den Gruß zu erwidern. Ein rotes, längliches Ding bebte heftig auf und ab. Das Gesicht hinter einer Zeitung versteckt, onanierte ein Mann vor dem Schaufenster, keinen Meter von mir entfernt. Die Straße war wenig belebt, aber die Sonne war noch nicht untergegangen. Die Nachmittage zogen sich endlos hin wie eine Winternacht. Manchmal kam es mir sogar so vor, als sei ein ganzer Lebensabschnitt vorübergegangen. In diesen langen Nachmittagsstunden nickte ich, die Arme auf den Auslagentisch gestützt, manchmal etwas ein. Auch jetzt saß ich so mit dem Kinn in den Händen da und schaute den Geschehnissen des Nachmittags zu. Plötzlich spürte ich das primitive Bedürfnis, die Zeitung wegzureißen und dem Mann ins Gesicht zu sehen. Vom Glied des Mannes tropfte Sperma. Dann drehte er sich. Ich hatte ihn angeschaut, ohne den Blick abzuwenden. Als er die Zeitung herabnahm, erkannte ich ihn. Er hatte im letzten Monat eine teure Marken-Sonnenbrille gekauft. Ich erinnerte mich ganz genau. Mir Menschen an der Sehschärfe und den Augen zu merken, fällt mir nicht schwer. Er hatte 0,4 und 0,7, und ich hatte die Gläser der Sonnenbrille ausgewechselt. Eigentlich war es eine Damenbrille, aber er hatte darauf bestanden. Das Gestell hatte auf den Seiten verschlungene goldene Verzierungen. Der Mann wartete, während ich die Gläser einsetzte, und verließ dann den Laden mit der Sonnenbrille auf der Nase, auch wenn es schon neun Uhr abends war. Wie bei jemandem, der sein Leben zum zweiten Mal lebt, überraschte mich kaum noch etwas. Es lag nicht daran, dass meine Empfindsamkeit unterentwickelt wäre. Mich warf so schnell nichts mehr um, und die Tiefen meines Bewusstseins waren wohl seit langem gefestigt. Aber auch für mich gibt es Erinnerungen, die ich im Präsens beschreibe, nur im Präsens beschreiben kann. Vielleicht lebe ich dafür, solche Erinnerungen wiederzukäuen. Wie er jetzt wohl leben mag?

Ich sah, wie die alte Frau aus dem Kiefernhaus zum Laden hereinkam. Meine Gedankenfetzen stoben auseinander.

Die Siebzigjährige wohnte in dem eine Straße weiter gelegenen Haus mit einem großen Garten, in dem Kiefern standen, weshalb es von den Leuten als Kiefernhaus bezeichnet wurde. Trotz ihres Alters legte sie Wert auf ihr Äußeres und hatte nicht vergessen, dass sie eine Frau war. Jedes Mal, wenn ich sie sah, trug sie einen andersfarbigen Lippenstift. Sie kam häufig ins Geschäft, und wenn sie ein neues Modell entdeckte, erschien sie am nächsten Tag in Begleitung ihres Sohnes oder ihrer Schwiegertochter, um sich eine neue Brille verpassen zu lassen. Wegen ihrer starken Arthrose waren ihre Knie ganz verformt. Sie klagte darüber, dass sie keine kurzen Röcke mehr tragen könne, während sie mir das Knie streichelte. Über dem Starren aus dem Schaufenster hatte ich ganz vergessen, ihr die Gläser einzusetzen, was ich schon vormittags hatte erledigen wollen. Ich stellte ein paar Stücke Wassermelone und einen Orangensaft auf den Tisch und bat sie lächelnd um Entschuldigung, weil sie warten musste. Das Geräusch der Schleifmaschine erfüllte den Raum, und wegen der Dicke der Gläser würde es noch eine Weile dauern. „Gestern war ich bei meiner Tochter..." Ich konnte sie nicht gut verstehen, und da sie nicht lauter sprechen konnte, nahm sie ein Buch aus der Handtasche.

Während die Linsen zurechtgeschliffen wurden, ging ich auf sie zu und fragte: „Sie lesen gern?"

„Na klar. Meinen Sie, alte Leute lesen nicht? Bis zum Tod sollte man lesen. Unwissenheit im Alter ist auch eine Krankheit."

„Was für ein Buch ist es?"

„Ein Liebesroman: ‚Die Brücken von Madison County'. Kennen Sie den noch nicht? Ich lese immer noch gern Liebesromane. Meine Enkelin hat mir das Buch gestern geliehen."

„Gedeihen die Kiefern gut?"

„Ja, die sind ja immer pflegeleicht... Aber mir schwinden merklich die Kräfte. Haben Sie schon mal von Krüppelkiefern gehört? Sie sind ganz wertlos. So komme ich mir vor. Das macht mir wirklich zu schaffen."

„Sie sind doch noch rüstig und frisch."

„So? Sehe ich so aus?"

Ich setzte die geschliffenen Gläser ein und bog das erhitzte Gestell zurecht. Da ihr Gesicht groß und breit war, musste ich besonders aufpassen, damit sie keine Druckstellen bekam. Die mit Ultraschall gereinigte Brille war auf Hochglanz poliert. Die alte Dame betrachtete sich mit ihrer neuen Brille wohl zwanzig Minuten lang von allen Seiten im Spiegel. Bei der ersten Untersuchung der Pupille hatte mich ein merkwürdiger Schauer erfasst. Auf dem Computerbild war ein dunkler Schatten über die Pupille gehuscht. Es war sicher eine Einbildung, aber ich glaubte, ihren Tod vorauszuahnen. Gott sei Dank war beim rechten Auge kein solcher Schatten aufgetaucht. Dennoch glaubte ich, dass der Tod in ihrem Auge schon tiefe Spuren hinterlassen hatte. Wenn sie später wieder eine neue Brille wollte, glaubte ich, es wäre die letzte, die sie tragen würde. Jedes Mal spürte ich deutlich ein Zittern in den Fingern. Zusätzlich zum Preis für die Brille drückte mir die Alte einen Zehntausend-Won-Schein in die Hand.

„Kaufen Sie sich etwas Hübsches zum Anziehen. Sie sind doch noch jung."

Als sei das für mich etwas ganz Neues, schaute ich an meiner Kleidung herunter. Eine weiße Bluse. Mit Ausnahme der beiden Ruhetage im Monat trug ich zu allen Jahreszeiten eine lange weiße Bluse. Sie war bis zum Hals geknöpft. Ich ließ mir bei der Schneiderin in der Ladenzeile einmal im Jahr fünf Stück in gleichem Schnitt und Material anfertigen. Im Herbst und Winter zog ich eine Strickjacke darüber. Eine Bluse kostete fünfunddreißigtausend Won und war aus praktischer Waschseide. Sie sahen adrett aus und im Laden trug ich sie ständig. Ihm hatte diese abwechslungslose Kleidung nicht gefallen. Ob er wohl geblieben wäre, wenn ich mich anders gekleidet hätte?

Die alte Dame nahm ihren Stock und verließ humpelnd das Geschäft. Ich begleitete sie bis vor die Tür. Deutlicher als sonst hatte ich das Gefühl, dass dies ihre letzte Brille sein könnte. Das ging mir durch den Kopf, während ich ihr eine ganze Weile nachschaute.

Meine Schwester Kang-Ae rief an, als ich mir auf einem Tablett mein Abendessen geholt hatte. Es bestand aus eingelegtem Rettich, ein paar Sardellen, die mir Kang-Ae gebracht hatte, und einer Seetangsuppe, die ich mir zur Feier meines Geburtstages selbst gekocht hatte. Ich bin im Sternzeichen des Löwen geboren. Solche Menschen sollen alles für den Partner tun, wenn sie sich geliebt fühlen. Wenn sie aber enttäuscht werden, geraten sie in Lethargie. Sie suchen nicht nur in Liebe und Freizeit das Reizvolle, sondern wünschen sich ein Leben voller Dramatik und Leidenschaft. Das hatte ich jedenfalls in „Mein Charakter in den Sternen" gelesen. Aber die Beziehung zu ihm war ich nicht um der Dramatik willen eingegangen, selbst wenn ich ihn aufopferungsvoll geliebt habe.

Als wir vor vier Jahren in dieser Ladenzeile das Firmenschild aufgehängt hatten, hatten unsere Bekannten das für eine verrückte Idee gehalten und uns empfohlen, lieber ein anderes Geschäft anzufangen. Er teilte ihre Meinung jedoch nicht. Zwar gebe es im Nachbarviertel schon ein Brillengeschäft, aber wegen der Mittelschule für Mädchen, der Grundschule und der Wohnsiedlung in der Nachbarschaft hielt er die Gegend für gut geeignet. Anfangs kamen die Leute, die ihre Brillen bei dem anderen Optiker oder in der Stadt kauften, nur selten ins Geschäft. An manchen Tagen kamen keine Kunden, selbst nicht solche, die sich gratis das Gestell richten ließen. Wir hatten das Geschäft mit Schulden begonnen, und es war nur eine Frage der Zeit, wann wir auf der Straße stehen würden. Zwei Tage lang hatten wir einmal nichts zu essen. Am dritten Tag verkauften wir dann eine Brille zu 35.000 Won, die Gläser zu 20.000 Won. Von diesem Geld leisteten wir uns in der Imbissstube jeder eine Portion Nudelsuppe. Das war auch an meinem Geburtstag. Während er die Nudeln schlürfte, rannen ihm Tränen über das Gesicht. Mit der Zeit zahlten wir die Schulden ab, kauften den Ladenraum, zogen einen festen Kundenkreis heran, aber dann ging er fort.

Damals fühlte ich mich physisch und psychisch wie ein Haufen Scherben. Ich kapselte mich völlig von der Außenwelt ab, und mein tiefstes Innerstes war ins Wanken geraten. Das Leben kam mir allmählich immer schaler vor.

Appetitlos mischte ich den Reis unter die Suppe und telefonierte mit meiner Schwester.

„Moment mal, ich verbinde dich mit Sujin."

„Herzlichen Glückwunsch. Mutti sagt, du hast Geburtstag. Ich gratuliere."

Eine glockenhelle Stimme. Ich hörte, wie Sujin in die Hände klatschte. Plötzlich kamen mir die Tränen. Die Suppe in der kleinen Küche wurde allmählich kalt. Da der erste und dritte Sonntag Ruhetage waren, lud Kang-Ae mich am Wochenende zum Essen ein, falls ich noch nichts vorhätte. Seit dem Tod unserer Mutter vor zwei Jahren machte Kang-Ae für mich Kimchi und andere Beilagen, und wenn ich sie nicht selbst abholte, kam sie bepackt aus Suwon angereist und stellte mir die Sachen selbst in den Kühlschrank. Ich sagte ihr nichts davon, aber mir verdarben sie oft und manchmal warf ich sie fort, ohne sie angerührt zu haben. Einmal brachte sie mir gebratenen Reis für das Abendessen, den ich im Kühlschrank vergaß. Als ich mich ein paar Tage später daran erinnerte, war er ganz angeschimmelt. Wenn meine Schwester das erfahren hätte, wäre sie sicher böse geworden.

„Isst du auch ordentlich?", fragte Kang-Ae mütterlich besorgt. Ich versprach, sie am Wochenende zu besuchen, und legte auf. Erst da fiel mir auf, dass ich seit dem Morgen erst zwei Scheiben Toast gegessen hatte. Wegen Kang-Aes Mahnung, wie wichtig regelmäßiges Essen sei, griff ich zum Löffel und rührte die Suppe um. Sie war nur noch lauwarm und Fettaugen schwammen darauf.

Die Schaufensterscheibe war schwarz von Faltern und Insekten und wirkte wie ein getupftes Wandgemälde. In diesem Jahr sollte die Regenzeit früher beginnen als im letzten, und es sah nach einem Schauer aus. Die Insekten hatten sich rechtzeitig vom Lichtschein anlocken lassen. Einige schnelle Exemplare waren durch die Lüftung eingedrungen und lagen tot auf der Stallage oder auf dem Deckel des Heizgeräts. Ein Weilchen schaute ich mir das an, ging dann aber mit einem Insektenspray hinaus. Jedes Mal wenn ich das Geschäft von außen sah, kam es mir noch fremder vor, weshalb ich das tunlichst vermied, denn mir wurde dabei umso deutlicher bewusst, dass er nicht mehr da war. Ich kam nicht so schnell darüber hinweg. Mein Innerstes war aus dem Gleichgewicht geraten. Ich trat einen Schritt zurück und sprühte das ganze Schaufenster ein. Zitternd fielen die Insekten, selbst daumengroße Falter, zu Boden. Mir brannten die Augen, ich hielt mir die Nase zu und sprühte noch einmal. Im Laden sollte ich ein Räuchergerät aufstellen, sonst würde es vor dem Regen weiter von Insekten wimmeln. Zu meinen Füßen war es schwarz von toten Insekten. Auch die Chefin des Frisiersalons nebenan kam mit einer Sprühdose heraus und lächelte mir zu. Sie hatte einen auffallend großen Mund, den sie dunkelrot anmalte. Jedes Gerücht in der Nachbarschaft kam aus ihrem Mund und verbreitete sich im Nu. Um nicht von ihr angesprochen zu werden, ging ich wieder hinein. Ab und zu fehlten mir in der Küche Fertignudeln, Gewürze oder Teller. Als ich zufällig einen Blick in ihre Küche warf, entdeckte ich meine Teller dort. Es verging kein Tag, wo ihre neunjährige Tochter keine blauen Flecken gehabt hätte. Etwa einmal im Monat schlug sie das Kind windelweich. Als sie ihm im Frühjahr eine Brille machen ließ, verkaufte ich sie ihr fast für den doppelten Preis. Später rief ich das Kind, ließ zwei Portionen chinesische Nudeln bringen, und wir aßen zusammen. Es wollte auch noch gebratene Maultaschen, die ich telefonisch nachbestellte.

Das Sprühmittel lief an der Scheibe herab, so dass ich am nächsten Tag die Fenster putzen musste, sonst würden die Streifen trotz des Regens nicht leicht abgehen.

Nachdem die alte Dame gegangen war, kam bis elf Uhr abends kein weiterer Kunde mehr. Ich ließ den Rollladen herunter und verschloss die Tür. Dabei bildete ich mir ein, dass Traurigkeit und Schmerz nicht herein könnten, wenn ich alles so fest verriegelte. Ich ging einmal herum und machte überall das Licht aus. Dunkelheit überfiel plötzlich den Raum, als wäre mir ein Tiger auf den Rücken gesprungen.

Ich stand eine Weile so da und überließ mich der Last der Dunkelheit.

Der Regen prasselte gegen die Scheibe und fegte über Bäume und Autos hinweg, als wollte er alles fortschwemmen. Die Autos hatten das Licht eingeschaltet und hupten, die Regenschirme klappten zurück, und die Fahrräder unter den Bäumen kippten geräuschlos um. Der Wind pfiff scharf, so dass die Scheiben zu zerspringen drohten und einem fast das Trommelfell platzte. Es war ein Unwetter, bei dem sich die Platten des Bürgersteigs lösten und die Ladenschilder jeden Augenblick herunterstürzen konnten. Mir fiel der schwarze Teppich von Insekten ein, die sich an der Scheibe hatten in Sicherheit bringen wollen. Im Raum roch es nach Regen.

Frau Lee, die auf einem Tablett auf dem Kopf Essensbestellungen austrug, kam, vorsichtig den Regenschirm balancierend, am Laden vorbei. An der Ampel standen einige Leute, deren Gesicht unter den Schirmen nicht zu sehen war. Mir fiel nur ein roter Rock mit aufgedruckten Sonnenblumen auf. Die Ampel schaltete auf Grün. Aus einer Schublade nahm ich die Brille, die die Kindergärtnerin Frau Han vor einigen Tagen bestellt hatte und polierte sie noch einmal, denn ich sah Frau Han die Straße überqueren. Wenn ich nicht aus dem Fenster schauen würde, würde ich beim Öffnen der Tür erschrecken und den Kunden mit Unsicherheit begegnen. Das mochten diese nicht, denn dadurch verloren sie ihr Zutrauen zu mir. Deshalb musste ich, von den technischen Arbeiten abgesehen, ständig auf das Fenster achten. Ich musste allen Vorübergehenden grüßende Blicke schenken, und wenn sich ein Kunde näherte, musste ich auf ihn vorbereitet sein. Dann fühlte er sich gut bedient und hielt mich für eine kompetente Optikerin. Manchmal konnte ich mich nicht erinnern, wen ich da grüßte. Aber das durfte ich mir nicht anmerken lassen, denn es hätte sie in Verlegenheit gebracht, und ich hätte kein Geschäft mehr machen können.

Frau Han holte ihre Brille ab. Beim Bezahlen gab sie mir ihre Kreditkarte. Wenn ich ihr einen Rabatt gäbe, könne sie auch bar bezahlen. Die Brille sollte 120.000 Won kosten, aber sie hatte nur 100.000 Won bei sich. Ich mochte Kreditkarten nicht besonders, weil ich es lästig fand, zur Bank zu gehen. Darum ließ ich mich darauf ein. Frau Han hatte wegen ihrer Mitgliedschaft in der verbotenen Lehrergewerkschaft ihre Stelle verloren und arbeitete jetzt im Kindergarten. Sie trug ein aufreizend tief ausgeschnittenes Kleid, und ich fragte mich plötzlich, ob ich mein Kind, wenn ich eins hätte, wohl zu ihr in den Kindergarten schicken würde. Die aus den Sandalen hervorschauenden Fußnägel hatte sie sich schwarz lackiert.

Um zu frühstücken, schaute ich im Kühlschrank nach, aber es gab kein Brot mehr. Wenn es nicht so geregnet hätte, wäre ich zum Bäcker hinübergegangen und hätte mir frisches geholt. Aber bei diesem Wetter wagte ich mich nicht hinaus. Zum Mittagessen musste ich mir etwas bei einem der Restaurants der Ladenzeile bestellen. Das tat ich normalerweise einmal die Woche, sonst würde sich das Gerücht verbreiten, ich sei hochnäsig, und die Leute würden wieder zu dem anderen Optiker gehen oder in die Stadt fahren. Ich bestellte mir beim Chinesen Nudeln.

Auf der gegenüberliegenden Ladenzeile kam der Augenarzt Dr. Kong, den Regenschirm in der Hand, mit einem Mann die Treppe hinunter. Sie hatten sicher vor, zusammen essen zu gehen. Dr. Kong war ein hartnäckiger Mann.

Kurz nach der Eröffnung unseres Geschäfts hatten wir ihn aufgesucht, um ihn zu bitten, uns seinen Patienten zu empfehlen. Wir versäumten auch nicht zu erwähnen, dass wir ihm Prozente zahlen würden. Er lehnte das ab, denn er habe schon einen Vertrag mit der Konkurrenz. Mich aber betrachtete er lauernd und anzüglich. Ich spürte seine Blicke noch im Rücken, während ich mich beim Hinuntergehen fest bei meinem Freund einhakte.

Bald nach unserer Trennung erhielt ich einen Anruf von Dr. Kong. Ich zögerte zunächst, verabredete mich dann aber in der Mittagszeit mit ihm im Café Mirabeau. Erst hatte ich daran gedacht, mich umzuziehen, war dann aber in meiner weißen Bluse und einem dunkelblauen Rock hinübergegangen. Nach der Begrüßung erkundigte er sich nach dem Geschäft und dergleichen. Ich antwortete, dass es zum Leben ausreiche, da ich ja keine Miete zu zahlen hatte. Er habe zwar die Verbindung zur Konkurrenz noch nicht aufgegeben, würde mir aber seine Patienten schicken, sagte er freundlich. Ich aber traute seinem süffisanten Lächeln nicht. Dennoch bedankte ich mich und nahm einen Schluck Tee. Er beugte sich etwas vor und fragte, ob ich am kommenden Wochenende, das ja frei war, schon etwas vorhätte. Ich spürte, wie Fräulein Choe, die Bedienung des Cafés, uns argwöhnische Blicke zuwarf. Sie hatte mir einmal erzählt, dass sie fluchtartig das Hotelzimmer verlassen habe, weil sie sich auf Dr. Kongs sexuelle Praktiken nicht einlassen wollte. Während sie die Bestellung fertig machte, schaute sie besorgt zu mir herüber. Ich blickte Dr. Kong direkt in das narbige Gesicht und sagte bestimmt, ich hätte keine Zeit. Für die Empfehlung dankte ich zwar, würde aber keine Patienten von ihm annehmen und ging raus. Auf der Treppe zitterten mir die Knie. Sollten sie doch über mich lachen!

Als ich zwanzig war, bereitete ich mich in einem Privatinstitut zum zweiten Mal auf die Aufnahmeprüfung für die Universität vor. Nach dem ersten Probetest ging ich zum Lehrerzimmer, um mir das Ergebnis zu holen. Mein Klassenlehrer, der den Englischunterricht erteilte, schlug vor, sich abends mit mir zu treffen, um die Noten zu besprechen. Um von den anderen Schülern nicht beobachtet zu werden, sollte ich ihn in einem Café im weit entfernten Viertel Sanggye-dong treffen, und er gab mir eine Lageskizze. Es gehe um die Noten, und ich glaubte ihm. Das war ein Fehler. Aber ich war damals noch sehr naiv. Darum fuhr ich mit der U-Bahn die lange Strecke hinaus. Er saß schon bei einem Bier. Meine Zensuren seien in Ordnung, nur das Englische lasse zu wünschen übrig. Er werde mir Nachhilfeunterricht geben. Damals war Privatunterricht verboten. Mit gesenktem Kopf erklärte ich, ich könne mir Nachhilfestunden zusätzlich zu den Institutsgebühren nicht leisten. Das war mir sehr peinlich. Um Geld gehe es ihm nicht. Um Geld nicht. Wir könnten uns doch zweimal die Woche nach dem Unterricht an einem ruhigen Ort treffen und zusammen lernen.

„Wo denn?"

„Irgendwo findet sich schon etwas. Vielleicht ginge es auch in einem Motel."

Mit meinen zwanzig Jahren schaute ich den Lehrer von Mitte vierzig verständnislos an.

Er sagte, er bekäme Herzklopfen, wenn er mich im Unterricht sehe, das Kinn auf die Hand gestützt und den Stift in der schneeweißen Hand. Über den Tisch hinweg langte er nach meiner Hand. Ich spürte seinen kräftigen Griff.

„Sie sollten lieber sagen, dass wir uns zweimal wöchentlich zum Sex treffen sollen", sagte ich empört, entzog ihm meine Hand und verließ das Café. Ich gab das Institut auf und bin seitdem nie mehr in dem Viertel gewesen. Jetzt traue ich Leuten nicht mehr, die mir ohne besondere Veranlassung einen Gefallen tun wollen.

Fräulein Choe schien unten an der Treppe auf mich gewartet zu haben, kam auf mich zu und sagte: „Was der sich nur einbildet!"

Ohne etwas zu erwidern, ging ich auf die Ampel zu, wartete, bis sie auf Grün schaltete, und überquerte die Straße. Gut, dass ich mich nicht umgezogen hatte. Dr. Kong musste die Nachricht von unserer Trennung, die wie ein Lauffeuer die Runde gemacht hatte, auch zu Ohren gekommen sein.

Am nächsten Tag erschien ein neuer Kunde mit einem Rezept des Augenarztes. Ich war einen Moment unschlüssig, verwies ihn dann aber an das benachbarte Brillengeschäft.

„Dr. Kong hat Sie aber besonders empfohlen", sagte der Kunde und ging kopfschüttelnd fort. Ich musste an die süffisante Miene des Arztes denken. Schweißtropfen rannen mir die Schläfen hinab.

Ich versank immer tiefer in meinen Kummer.

Leichtsinnigerweise hatte ich versäumt, den Eisenring der von der Küche auf den Hinterhof führenden Tür in Ordnung bringen zu lassen. Eine Frau, die einen tiefen Schlaf hat, sollte nicht allein leben. Ich wurde von einem leichten Rütteln an der Küchentür wach. Oder bildete ich mir das wieder mal ein? Ich rollte mich zusammen und drehte mich zur Wand. Seitdem ich allein war, hörte ich im linken Ohr ein Dröhnen, das manchmal auch stechende Schmerzen verursachte. Der Ohrenarzt hatte nichts finden können. Wenn ich das Ohr in das Kopfkissen grub, hörte es sich wie das Rattern eines Zuges an. Jede Nacht hörte ich den Zug ziellos dahinfahren, den er vielleicht genommen hatte. Aber das war ja nur Einbildung.

Die gläserne Schiebetür, die er eingesetzt hatte, um den Raum von der Küche abzutrennen, klapperte, und ich sprang auf, als ich einen unheimlichen Schatten vorbeihuschen sah. Das Zuggeräusch hörte auf. Der Raum war so eng, dass neben den wichtigsten Einrichtungsgegenständen nur gerade zwei Personen darin Platz zum Schlafen hatten. Ich zitterte vor Angst und wollte schreien. Aber ich brachte keinen Ton heraus und konnte mich nicht vom Fleck rühren. Gleich würde sich die Tür öffnen! Mit meinen einunddreißig Jahren begann ich aus vollem Hals um Hilfe zu schreien wie ein neugeborener Säugling, der, aus dem Schutz des Mutterleibes vertrieben, über das gleißende Licht erschrickt.

Das Klappern hatte aufgehört, und durch die Küche flohen eilige Schritte zum Hinterhof hinaus. Eine endlose Zeit mochte so verstrichen sein. Schließlich öffnete ich die Tür und ging nach draußen. Der Verbindungsweg zum Hinterhof war dunkel und fremd. Der alte Türring war heruntergefallen. Ich ging in den Laden, und zum ersten Mal, seit er mich verlassen hatte, brach ein Strom von Tränen aus mir heraus. Ich riss die über zweitausend Brillengestelle aus der Auslage und schmetterte sie gegen die Wand. Die Gläser warf ich auf den Boden.

„Ich bringe euch alle um, ihr Kerle!"

Bis zum Morgengrauen hörte ich nicht auf zu schluchzen.

Herrn Kim, den Nachbarn aus der Hähnchenbraterei, der auf dem Weg zum Großmarkt war, bat ich, einen neuen Ring anzubringen und für alle Fälle auch noch zwei Riegel an der Innentür. Er sah nur auf meine verweinten Augen und mein geschwollenes Gesicht und machte sich schweigend an die Arbeit. Während ich die unbrauchbar gewordenen Gestelle zusammenfegte, wurde ich in seiner Gegenwart ohnmächtig.

Später kamen keine Kunden mehr auf Empfehlung von Dr. Kong. Obgleich der Ohrenarzt nichts Ungewöhnliches finden konnte, suchte ich ihn noch mehrmals auf. Dennoch ratterte der Zug weiter in meinen Ohren.

Ich sah den Lieferjungen des Chinarestaurants mit seinem Kasten auf dem Motorroller ankommen. Er brachte mir eine Portion Nudeln herein und ging wieder. Von seinem schwarzen Umhang tropfte der Regen. Er ließ das Motorrad wieder an und fuhr auf der gegenüberliegenden Seite durch die Gasse zwischen der Apotheke und dem Baby-Ausstattungsgeschäft in Richtung Obstmarkt, um dort die anderen Bestellungen abzuliefern. Aus seinem Auspuff quoll eine dicke schwarze Rauchfahne. Ich stellte die Nudeln auf den Tisch und brach die Holzstäbchen auseinander. Die Nudeln hatten schon angefangen zu quellen und schmeckten mir nicht.

Gegen acht Uhr abends fiel plötzlich der Strom aus. Ich war gerade dabei, unter dem Mikroskop die Achse eines Glases zu vermessen, wobei ich ein Auge zukniff, als das Glas sich verdunkelte und ich aufschaute. Es war finster wie mitten in der Nacht. Ich nahm eine Kerze aus der Schublade, zündete sie an und ging nach draußen. Frau Lee vom Nudelimbiss, die Friseuse Frau Sin, mein Nachbar Kim und der Inhaber des Billardsalons standen herum und schwatzten. Obgleich der Regen etwas nachgelassen hatte, hatte er den ganzen Tag nicht ausgesetzt. Jemand meinte, es sei wegen der Nässe zu einem Kurzschluss gekommen, man solle schnell bei den Stadtwerken anrufen. Normalerweise war dies die Hauptverkehrszeit, zu der in den Geschäften der stärkste Betrieb herrschte. Wegen des plötzlichen Stromausfalls standen die Kaufleute jetzt unter ihren Regenschirmen herum und schauten irritiert zu den Lichtmasten hinauf. Herr Kim bot sich an, die Stadtwerke zu verständigen und verschwand in seinem Laden. Nur auf unserer Seite gab es keinen Strom; die hellen Lichter der Ladenzeile gegenüber verstrahlten ihren warmen Glanz. Wenn jetzt Kunden kämen! Heute hatte ich nur einige neue Gestelle hereinbekommen. Niemand hatte sich eine Brille machen lassen, und nicht einmal eine Sonnenbrille hatte ich verkauft. Zwei, drei Leute hatten wohl hereingeschaut und zu 500 Won destilliertes Wasser oder Reinigungsflüssigkeit gekauft. Hoffentlich kamen noch Kunden, wenn der Strom wieder da war, denn so ging es nicht weiter.

Nach etwa einer halben Stunde kam ein Wagen der Stadtwerke, aus dem einige Männer in Ölzeug mit umgehängten Werkzeugtaschen stiegen und die Masten hinaufkletterten. Nach einer Viertelstunde waren alle Läden wieder hell erleuchtet. Erleichtert blies ich die Kerze aus. Noch ein Weilchen kräuselte sich ein dünner, weißer Rauchfaden empor.

Während ich eine Scheibe Brot in Cola stippte, kam mir der Gedanke, dass der heutige Tag sich von anderen unterschied. Das Brot war in der Cola ganz breiig geworden. Ich schob es mir auf die Zunge und mümmelte wie eine zahnlose Alte daran herum, bevor ich es hinunterschluckte. Ein paar Mal klingelte das Telefon, aber die Anrufer waren falsch verbunden. Das Meer trug den Sturm immer näher heran. Die Bäume am Straßenrand erwarteten gekrümmt den Taifun.

Gegen zehn Uhr abends probierte ich eine der schwarzen Sonnenbrillen vom letzten Jahr, die ich beiseite geräumt hatte. Die nicht mehr moderne Brille bedeckte über die Hälfte meines Gesichts, das sich im Schaufenster spiegelte. Ich setzte ein Lächeln auf, und die Frau mit der Sonnenbrille im Fenster lächelte zurück. Mit der Brille auf der Nase ließ ich den Rollladen herunter, schaltete das Licht aus, ging in mein Zimmer und legte mich hin. Ohne die Brille abzunehmen, schlief ich ein.

Die alte Frau aus dem Kiefernhaus war gestorben.
Es stürmte noch stärker als am Vortrag, aber der Regen hatte noch nicht eingesetzt. Im Nordosten waren schwarze Wolken aufgezogen. Wie ein Alptraum bevorstehende Katastrophen ankündigt, zeigte der Taifun bislang nur seine Vorboten.
Herr Kim hatte die Nachricht gebracht und mir mitgeteilt, in welchem Krankenhaus die Totenfeier stattfand. Ich schaute eine Weile hinaus und nahm dann fünf Zehntausend-Won-Scheine aus der Schublade und steckte sie in einen Umschlag. Ich ging hinüber und bat Herrn Kim, meinen Umschlag zu überbringen, wenn er am Abend den Hinterbliebenen einen Kondolenzbesuch machte. Er schlug vor, dass wir gemeinsam gehen könnten, was ich aber ablehnte.
Ich steckte die Diskette mit den Kundeninformationen in den Computer und rief die Daten der alten Dame auf. Name: Cha, Sulle; Alter: 71; Geschlecht: weiblich; Anschrift: Towha-dong 47, Inchon; Telefonnummer: 764-9542; Sehstärke: -0,7 und -0,9; Besonderheiten: starker Astigmatismus. Ich löschte die Daten. Über den dunklen Bildschirm huschte ihr fremdes Bild.
Ich wartete bis zum Abend, schloss den Laden ab und ging hinaus. Der Wind fuhr mir unter die Bluse und die zusammengebundenen Haare. Der Sturm heulte immer heftiger. Ich ging hinter der Ladenzeile und am Wohnblock entlang, von wo ich den großen Garten des Kiefernhauses schon sehen konnte. Ich schob das Tor auf, das sich knarrend etwas öffnete, und steckte den Kopf durch den Spalt. Niemand war zu sehen, und die zahlreichen Kiefern, die nur einen schmalen Weg zum Haus frei ließen, standen verloren im Sturm. Über die Steinplatten näherte ich mich der Haustür, aber auch drinnen schien niemand zu sein. In einer Ecke neben dem Eingang stand eine Tischtennisplatte, auf der wohl schon lange niemand mehr gespielt hatte, denn der Ball war eingedellt und die Platte ganz verrostet.
Ich schlenderte durch den Garten und suchte die altersschwächste

Kiefer, die an der niedrigsten Stelle in der Ecke des Gartens stand. Ich trat auf die Wurzeln der jungen Bäume und ging auf einen verkrüppelten Baum zu, den die alte Frau Cha einmal erwähnt hatte. Vor der knorrigen Kiefer blieb ich, die Hände in den Rocktaschen, stehen.

Nachdem ich die Daten gelöscht hatte, hatte ich mir ein schickes, schmetterlingförmiges Brillengestell vorgenommen, das neu hereingekommen war. Es war ein elegantes Modell mit einem zehnprozentigem Anteil reinen Goldes und jeweils drei an den Bügeln eingelassenen Diamantsplittern. Da es Frau Cha sicherlich gefallen hätte, hatte ich es ihr empfehlen wollen. Ich suchte die passenden Gläser heraus und schliff sie zurecht, löste die Schrauben und setzte die Gläser ein. Ich erhitzte die Bügel und bog sie aufs Geratewohl zurecht. Schließlich polierte ich die Brille sorgfältig und steckte sie in ein neues Etui.

Mit der Spitze meiner Schlappen versuchte ich, ein Loch in die Erde zu kratzen, aber sie war ganz fest. Ich zog einen Schlappen aus, hockte mich hin und begann damit zu graben. Schon bald kamen die trockenen knotigen Wurzeln zum Vorschein. Sie waren noch nicht völlig abgestorben; einige führten noch lebendigen Saft.

Ich nahm das Brillenetui aus der Rocktasche und begrub es in dem Loch, bedeckte es mit Erde und klopfte sie mit dem Schlappen fest. Zum Schluss glättete ich die Stelle behutsam mit der Hand. Mein Tun kam mir nicht so sehr wie ein Gedenkritual, eher wie eine Geisterbeschwörung vor. Ich schüttelte die Erde von dem Schlappen und stand auf. Plötzlich flimmerte es vor meinen Augen, als blendete mich der Schuppenglanz von Tausenden von Fischen. Schwindelig umarmte ich den Stamm der alten Kiefer, während ich Kinder auf silbernen Fahrrädern vorbeiflitzen sah. Endlich platzten die Wolken, und dicke Regentropfen fielen zur Erde.

Kim Kyong-He

Das kostbare Erbstück

Als das Telefon klingelte, hatte ich Mühe, in die Realität zurückzufinden, weil ich so von meinem lebhaften Traum gefangen war.
  Was ich im Traum gesehen hatte, waren keine lebendigen Menschen. Es waren die Figuren eines Mannes und einer Frau. Auf seinem Kopf stand ein Haarknoten hervor und ihr Haar war wellig. Sie hatten beide die Arme fest über der Brust verschränkt. Sie fühlten sich angenehm glatt an. Das Gesicht machte fast die Hälfte ihres kleinen gedrungenen Körpers aus. Beide trugen lange Gewänder und standen einfach nur da. Sie schimmerten glänzend unter der Beleuchtung. Für einen Albtraum war es auffällig, dass sie mir keine drohenden Blicke zuwarfen und kein Wort sprachen. Obgleich die Augen nur schwarze Punkte waren, wirkte ihr Gesichtsausdruck gehorsam und bescheiden. Das mag natürlich an den gekreuzten Armen gelegen haben. Der Mann sah aus wie ein Diener, der bereit ist, den Befehl seines Herrn auszuführen.
  In letzter Zeit wurde ich im Traum ständig verfolgt. Ich floh vor einer dicken gemusterten Schlange, die mich züngelnd verfolgte oder ich träumte, ich sei von langem, wirrem Haar eingesponnen, das aus Gräbern herausgewachsen war, jeden Monat ein paar Zentimeter. Manchmal wachte ich gerade noch rechtzeitig auf, bevor ich von einem tollwütigen Jagdhund gebissen wurde. Das kleine Paar aber schaute mich nur still an. Ich wusste nicht, was sie von mir wollten. Erst als ich sie ruhig betrachtete, erschien unerwartet mein Vater. Hinter den kleinen stummen Figuren wirkte er größer und stattlicher als zu Lebzeiten. Wie immer waren seine Lippen fest verschlossen. Aber als er auf die beiden herabschaute, breitete sich ein zufriedenes Lächeln auf seinen Zügen aus.
  „Vater!"
  Auf meinen leisen und vorsichtigen Ausruf hin, wandte er mir den Blick zu. Sein Lächeln verschwand. Plötzlich wirkte er verloren und schien ein Anliegen zu haben.

„Was ist denn?"

Ich konnte nicht erraten, was er von mir wollte. Er bewegte die Lippen, als wollte er etwas sagen, aber ich konnte nichts verstehen.

„Wie bitte? Sprich lauter!"

Statt einer Antwort lächelte er leise und bewegte wieder langsam die Lippen.

„Ich versteh dich nicht. Sprich doch lauter!" schrie ich. Von meiner eigenen Stimme erschrocken wachte ich auf.

In der Dunkelheit tickte die Uhr und das Telefon klingelte. Wer konnte das mitten in der Nacht sein? Ich knipste das Licht an. Es war noch nicht einmal zehn Uhr. Einen Monat, nachdem ich zu arbeiten aufgehört hatte, bekam ich keine Anrufe mehr. Ohne besondere Erwartung nahm ich den Hörer ab.

„Hallo!", meldete sich eine fremde Männerstimme. Es war nicht mein Freund, der auf einem fremden Kontinent lebte und nichts mehr mit mir zu tun haben wollte.

„Wer ist dort?"

Der Anrufer zögerte mit der Antwort, vielleicht wegen meiner verschlafenen Stimme. Ich sagte nichts, als müsste ich erst zu mir kommen.

„Sind Sie vielleicht die Tochter von Kim Dong-Whan?"

Lange schon hatte ich den Namen meines Vaters nicht mehr gehört. Im Licht der Neonlampe zeichnete sich in der Fensterscheibe das Nachbild der mir im Traum erschienenen Gestalten ab. Es kam also nicht von ungefähr, dass ich von Vater geträumt hatte.

„Worum geht es?"

Die Erwähnung meines Vaters verwirrte mich. Er war doch tot, und von ihm war nichts als seine Asche in einer kleinen Urne geblieben. Er hatte nicht einmal ein ordentliches Grab.

Als ich aus der U-Bahn stieg, wehte mir auf dem Bahnhof die abgestandene, trockene Luft entgegen. Die Tasche, in der ich nichts Besonderes hatte, drückte auf meine Schulter. Ich folgte meinem sich auf dem glatten Boden schwach abzeichnenden Schatten. An Tagen, wo ich schlecht geschlafen hatte, vor allem wenn Albträume mich verfolgt hatten, was in letzter Zeit jede Nacht geschah, fühlte ich mich wie erschlagen. Eine alte Kollegin, die mich nach langer Zeit mal wieder anrief, meinte, solche Träume seien eine Folge von innerer Unsicherheit. Ich musste ihr Recht geben. Auch auf mich traf das völlig zu.

In der letzten Nacht hatte ich vergleichsweise friedlich geträumt. Nur dass mein Vater mir etwas hatte mitteilen wollen, was ich nicht verstehen konnte, bedrückte mich etwas. Ob er sich um mich Sorgen machte und mir im Traum hatte sagen wollen, dass er mir ein Erbstück hinterlassen hatte?

Außer mir gab es niemanden, der den U-Bahnausgang zum Museum benutzte. In diesen schweren Zeiten mussten die Leute zusehen, wie sie zurechtkamen. Sie gaben die Hoffnung nicht auf, ihre Lebensumstände etwas verbessern zu können. Die Hoffnung auf ein glücklicheres Leben ohne materielle Sorgen. Diesen Traum wollten sie sich nach und nach erfüllen. Auch bei mir war das so gewesen, vielleicht noch stärker ausgeprägt. Zur Zeit konnte ich zu meiner Zukunft gar nichts sagen. Zunächst einmal stellte sich das Problem, wovon ich leben sollte. Auch an diesem Nachmittag, an dem ich mich mit dem Mann im Museum verabredet hatte, konnte ich mich nicht ganz von dieser Sorge frei machen. Vielleicht kamen meine Albträume auch daher. Aber alles konnte sich ja auch plötzlich ändern. Wenn der Mann mir das Erbstück übergeben würde, hätte meine Not ein Ende und mein Schicksal könnte sich wenden.

Auch als ich noch berufstätig war, war meine Lage nicht gerade rosig gewesen. Von meinem Gehalt konnte ich einigermaßen leben und Pläne schmieden. Aber zwischen Schlaf und Wachen kam mir oft plötzlich der Gedanke, dass nach den im Arbeitstrott verbrachten Jahren eine Zeit der Reue über versäumte Gelegenheiten kommen würde und wir alle am Ende in eine ferne fremde Welt eingehen müssen. Der Gedanke an den Tod, den ich mir nicht vorstellen konnte, auf den ich nicht vorbereitet war, jagte mir Angst ein. Ich wusste nicht, wie ich ihm begegnen würde. Wegen meiner instinktiven Furcht vor dem Tod waren mir Autoren zuwider, die das Sterben oberflächlich darstellten. Auch beim Anblick des friedlichen Leichnams meines Vaters legte sich dieses Gefühl nicht. Sein Gesicht auf dem Krankenbett war so ruhig und gelöst wie kaum jemals zuvor. Deswegen fühlte ich mich fast schuldig, ihn einäschern zu lassen. Aber mir blieb keine Wahl. Beim Eintreffen im städtischen Krematorium wagte ich es nicht, zum klaren Himmel aufzublicken. Während der Einäscherung saß ich auf einem Stuhl in der Ecke und fand, dass Vater zu Recht bedauert hatte, keinen Sohn zu haben. Ich hatte Mitleid mit mir selbst, weil ich so mittelmäßig war, nichts besaß, keinen Vater mehr hatte, der mich zum Traualtar begleiten konnte, keine Mutter, die an seiner statt für mich sorgen würde. Meine vielen Tränen brachten wenig Trost. Aber damals war mein Freund noch bei mir, gab mir Wasser zu trinken, wischte mir mit einem duftenden Taschentuch die Tränen fort und tröstete mich. Wenn wir stürben, wollten wir in einem Sarg dicht beieinander liegen und uns bei den Händen halten. Jetzt hatte ich nichts und niemanden mehr, aber ich bemühte mich, die Leere und Armut nicht allzu ernst zu nehmen.

Den Traum kann ich vielleicht vergessen, aber auf das Erbstück von Vater war ich wirklich neugierig. Er wolle mir etwas geben, was mein Vater hinterlassen habe, erklärte der Mann höflich, nachdem er Vaters Namen erwähnt hatte. Seitdem hatte ich an nichts anderes denken können. Ich glaubte, es würde sich um ein wertvolles Stück handeln. Dabei dachte ich nicht mehr an die merkwürdigen netten Figuren, an meinen Vater, der sie vergnügt betrachtet hatte und an das, was er mir hatte sagen wollen. Stattdessen wartete ich gespannt darauf, was mir der aus Japan zurückgekehrte Mann geben würde, auf Vaters Erbstück, das für mich eine neue Hoffnung darstellte. Ich war fest davon überzeugt, dass es sich um ein Stück Seladon handelte, an dem er gehangen und das er täglich gehegt und gepflegt hatte. Etwas anderes konnte ich mir nicht vorstellen. Wie jemand, der erwartet, plötzlich reich zu werden, oder wie jemand, der glücklich sein kann über leere Hoffnungen, stand ich morgens dümmlich lächelnd vor dem Spiegel, während ich mir die Augenbrauen nachzog. Auch mein Vater hatte mir ein Erbstück hinterlassen! Ich war gespannt vor Erwartung.

Vater war kein gewöhnlicher Mann. Seine Art zu leben unterschied sich von der anderer Väter. Mir gefiel das nicht. Sein Arbeitsplatz war ungewöhnlich und lag abseits vom alltäglichen Leben. Das Museum lag zwei Stunden Fahrt von Seoul entfernt. Bis zu dem Zeitpunkt, wo man bei ihm Leberkrebs feststellte und er ins Krankenhaus kam, hatte er dort gearbeitet. Obgleich es ein von einem Kalligraphen gegründetes Privatmuseum war, war es ziemlich groß, und Vater hatte mir erzählt, dass es wertvolle Kulturschätze beherberge. Da es eine Reihe von einmaligen Porzellan- und Seladonstücken gab, waren besondere Sicherheitsmaßnahmen erforderlich. Vater war der Museumsverwalter, musste aber auch kleinere Arbeiten erledigen, z.B. den Wachhund versorgen. Alle drei Tage hatte er Nachtdienst. Ein Linienbus verkehrte nicht bis zum Museum. Von der Hauptstraße lag es ein Stück entfernt, so dass nur wenige Leute es kannten. Es gab zwar ein Hinweisschild, aber es kamen wenig Besucher. Es diente hauptsächlich der Unterbringung der Sammlung. Vater hatte lange dort gearbeitet, und weil er sich besonders für Seladon interessierte, stellte ich mir unter der Erbschaft eine kostbare Keramik vor.

Wenn der Mann nicht angerufen hätte, wäre ich nach einem späten Frühstück hinausgegangen, um mir diverse kostenlose Anzeigenblätter zu holen. Darin studierte ich die Stellenangebote, bis mir die Augen wehtaten, und wenn mir schwindelig und übel wurde, legte ich mich wieder hin und betrachtete die an der Decke haftenden Sterne in Leuchtfarbe. Bevor ich mir irgendwelche Pläne genauer ausmalen konnte, verschwammen sie wieder. Dann blieben nur noch Langeweile und sinnloses Grübeln, das mir Kopfschmerzen bereitete. Nachdem mein Freund, mit dem ich lange zusammen war, nach England gegangen war, schien alles verloren, und ich hatte zu nichts mehr Lust. Bei etwas mehr Durchhaltevermögen und Opferbereitschaft wäre ich vielleicht noch bei der Firma. Während der Wirtschaftskrise liefen Firmen, die hochwertige Damenbekleidung herstellten und verkauften, sehr schlecht. Die Designer hatten schon für die nächste Saison vorausproduziert, und dann waren die Lagerbestände rasch gewachsen. Es gab auch das Gerücht einer bevorstehenden Pleite. In der Abteilung für

Design, die bislang von Selbstbewusstsein und Stolz auf die eigene Arbeit bestimmt war, herrschten jetzt Konkurrenzkampf und Intrigen. Der Abteilungsleiter kündete an, dass leider die Hälfte der Mitarbeiter in den Vertrieb überwechseln müsste. Das war eine beschlossene Sache. Ich war als eine der ersten davon betroffen, denn ich war ledig und war nicht durch das reguläre Aufnahmeverfahren, sondern als Preisträgerin eines neu ausgeschriebenen Wettbewerbes in die Firma gekommen und hatte überdies am häufigsten Ärger mit dem Chef. Eine jüngere Kollegin, die am Tisch mir gegenüber arbeitete, wollte mich trösten und regte sich lauthals auf, als sei das für die Ohren des Abteilungsleiters bestimmt: „In den Vertrieb! Das heißt doch nur, man soll hinter dem Ladentisch stehen. Wenn der Verkauf nicht funktioniert, werden die Geschäfte geschlossen. Das kommt doch einer automatischen Kündigung gleich!"

Ich kapitulierte widerstandslos, ohne zu erwarten, woanders eine Stelle zu finden. Von der Arbeit hatte ich ohnehin genug, und als mein Freund fort war, verlor ich alle Lust, mich durchzusetzen.

An der Kasse des Museums wimmelte es von älteren Japanern, die eine Gruppenreise machten. Noch bei jedem Besuch dieses Museums war ich auf japanische Touristen gestoßen. Ich wartete, bis der Reiseleiter die Eintrittskarten verteilt hatte. Erst als die Gruppe verschwunden war, ging ich langsam die Treppe hinauf. An diesem Werktag herrschte nicht viel Betrieb. Langsam schlenderte ich bis zur Mitte der Eingangshalle. Einige Besucher schauten von der Galerie herab. Ich betrachtete das Modell des Kyongbok-Palastes mit seinen zahlreichen alten Gebäuden, wie er vor den Zerstörungen durch die Japaner ausgesehen hatte.

Was sollte ich mir anschauen? Ich entschied mich für die Keramikabteilung, wenn Vater mir schon ein solches Stück hinterlassen hatte. Um mich etwas zu sammeln, ging ich erst einmal in die Toilette und wusch mir die Hände. Aus dem Automaten gleich neben der Tür zog ich mir einen Milchkaffee und setzte mich auf ein Sofa. Wenn ich nichts Besonderes vorhatte, kam ich gern in das Museum. Ich mochte das gehobene Gefühl, das von der Stille, der Leichtigkeit der Schritte auf dem Marmorboden, dem Genuss des heißen Kaffees und der kulturellen Umgebung ausging. Natürlich spielte auch der Einfluss meines Vaters eine Rolle. Während ich meinen Kaffee austrank, schaute ich auf den Plan, wo die Ausstellungsräume für das Koryo-Seladon, die Punchong-Keramik und das weiße Porzellan der Choson-Epoche eingezeichnet waren. Hier würde ich anfangen. Seit langem konnte ich mich mal wieder einer anregenden Muße überlassen. Aber ich war habgierig und erwartete, dass Vaters Erbstück eine Seladonvase aus der Koryo-Zeit war. Wenn das wirklich stimmte, dann wäre die Welt doch gerecht. Damit wäre ich zufrieden.

Ich betrachtete die einzelnen Seladonstücke in den Glaskästen genau. Der Farbton war nicht zu dunkel und nicht zu hell und wirkte ausgewogen und zurückhaltend.

Eine der Teeschalen hatte es mir besonders angetan.

Ich blieb davor stehen. Eine ähnliche hatte ich einmal im Elternhaus meines Freundes gesehen. Sie hatte kein Muster, aber einen Fuß. Sie weitete sich rasch und glich einem umgekehrten spitzen Strohhut. Als Teeschale fand ich sie eigentlich zu groß, aber seine Mutter ging sehr behutsam damit um. Sie verstand sich auf die Teezeremonie. Als ich meinen ersten Besuch machte, nahm sie sich viel Zeit, um den grünen Tee zuzubereiten. Die Farbe des Tees, den sie unter bedrückendem Schweigen einschenkte, ähnelte etwas der Farbe des Seladons. Eigentlich passten die beiden Farbtöne nicht ganz zueinander, aber irgendwie harmonierten sie auch. Während ich die Schale mit gesenktem Kopf in beiden Händen hielt, begann sie endlich zu sprechen: „Tee ist kein Genussmittel. Man trinkt ihn als Meditation. Darum sind die Schalen sehr wichtig, und in der Koryozeit waren sie kostbarer als Gold. Da sich Seladon wie Silber verfärbt, wenn man Gift hineingibt, schätzte man es umso mehr." Ich war ja ohne Mutter aufgewachsen, aber diese Frau war mir zu fern und zu vornehm, als dass ich sie als Mutter hätte annehmen können. Mir dämmerte allmählich, dass aus einer Heirat wohl schwerlich etwas werden würde. Beide schauten wir beklommen in unsere Teeschalen. Dass diese wichtiger sein sollten als der Tee, wollte mir nicht in den Kopf, aber ich wäre bereit gewesen, mich belehren zu lassen. Ich war neidisch auf diesen verfeinerten, festgelegten Lebensstil, auf seine gesicherten Verhältnisse, die nicht von ihm verlangten, sich abzurackern, um auf der sozialen Leiter aufzusteigen. Es gab aber etwas, das es trotz unserer modernen Zeit schwierig machte, Zugang zu der Familie zu finden. Ich konnte meine Abneigung gegen die Mutter nicht überwinden, denn diese lehnte mich innerlich ab, weil sie glaubte, ich wollte nur eine gute Partie machen und über meinem Stand heiraten. Um dem lästigen Ritual schnell ein Ende zu bereiten und aus Protest gegen seine Mutter, die seine Wahl nicht guthieß, trank er wortlos seinen Tee.

Auch mein Vater hatte mir die Bedeutung der Teeschalen erklärt. Obgleich wir uns einschränken mussten, hatte ich Freude daran, hübsche Tassen zu sammeln. Tassen mit besonderen Popfiguren, kostspielige Stücke aus dem Importsortiment eines Kaufhauses und selbst so billige Dinger wie die Tassen aus einem Café in Changhung, die man nach der Benutzung mitnehmen konnte, stellte ich in unsere Vitrine. Wenn ich mich meinen Gefühlen hingab, wählte ich je nach Laune eine der Tassen und trank einen starken Kaffee. Manchmal trank ich aus einer feinen Porzellantasse mit lila Wiesenblumen einen Milchkaffee. Dann versäumte Vater nie, mich darauf hinzuweisen, dass eine Teeschale aus der koreanischen Choson-Zeit in Japan zu den Nationalschätzen zählte. Seine Worte klangen so stolz, als hätte er selbst die Schale hergestellt, die von den Japanern so hoch geschätzt wird. Dennoch sei das eigentlich eine ganz gewöhnliche Schüssel. „Bei der Teezeremonie verwenden die Japaner keine kleinen, sondern fast schüsselgroße Schalen, in denen sie grünen Pulvertee verrühren, bevor sie ihn trinken." Meine große Tasse erinnerte ihn an die Schüsseln in Japan. Eine einfache Schüssel und die Teezeremonie – das passte vielleicht so wenig zusammen wie ich und mein Freund. Aber wenn diese Schüssel ein Nationalschatz sein konnte, war Vaters verständnisinniges Lächeln vielleicht doch berechtigt.

Wenn ich in diesem Museum war, musste ich immer an Vater und an meinen Freund denken. Seit meiner Kündigung war ich mehrmals hergekommen. In meiner Sehnsucht und in meiner Trauer um die beiden fühlte ich mich hier wohl. Wenn ich so langsam durch die Jahrzehnte, Jahrhunderte und Jahrtausende schlenderte, spürte ich oft, wie belanglos meine eigenen Sorgen waren. Ich begriff, dass mein Ressentiment und mein Zorn gegenüber der verletzenden Gleichgültigkeit meines Vaters und dem Verrat meines Freundes, der mich wegen des Einspruchs seiner Eltern gegen unsere Heirat verlassen hatte, sinnlos waren. Als jemand mal behauptete, was von der Liebe bleibe, sei entweder, dass man über sich hinauswachse oder in Kummer versinke, musste ich zustimmen, und mir eingestehen, dass meine Liebe wirklich tragisch war.

Im Laufe der Zeit hatte ich von meinem Vater vieles gelernt. Er interessierte sich sehr für Keramik, besonders für Seladon. Wie andere Väter wollte er sein Kind von seiner Gedankenwelt überzeugen. Andererseits erkundigte er sich nie nach meinen Noten, nach dem Haushalt, dem Umgang mit anderen Schülern, nach der Verwendung des Taschengeldes oder nach Freunden. Mein Herzklopfen der ersten Liebe, meine Sehnsucht nach Freundschaft und Verliebtheit bekam er nicht mit oder stellte sich unwissend. Er redete immer nur über Keramik. An manches erinnere ich mich noch. Seine Erläuterungen über das Feuer gingen mir nahe, denn es war zu einem Zeitpunkt, als ich mich gerade verliebt hatte. „Beim Brennen von Keramik ist die richtige Temperatur am wichtigsten. Die wird erst nach drei Tagen erreicht. Wenn sie zu niedrig ist, ist das Feuer weiß und die Keramik bleibt auch weiß. Ist die Temperatur richtig, färben sich das Feuer und die Keramik grünlich. Damals kam es mir so vor, als sei die Liebe meines Freundes auch heiß genug. Bei zu niedriger Temperatur würde die Keramik nicht richtig gebrannt und in sich zusammenfallen. So lau schien mir seine Liebe nicht zu sein. Von hundert Stücken in einem Brennofen gelangen nur etwa zehn, und auch wenn die Erfolgsrate so niedrig war, glaubte ich doch, dass wir beide so ein gelungenes Werk waren, dessen Farbe sich nicht mehr ändern würde.

Ich blieb vor einer Vase in Melonenform stehen. Vater hatte mir einmal ein ähnliches Seladonoriginal gezeigt, das undeutliche Spuren von drei Tränen verbarg. Vielleicht würde der Mann mir eine solche Seladonvase überreichen. Woher Vater und der Mann sich kannten, war mir ein Rätsel. Vater hatte kaum Kontakt zu anderen Menschen und war außerdem nie in Japan gewesen. Der Mann aber war eigens aus Japan gekommen, um mir Vaters Sachen zu bringen. Aus Neugier und Ungeduld schaute ich immer wieder auf die Uhr.

Ich hätte die Vase am liebsten umgedreht. Würde sie auch die Tränenspuren aufweisen? Ich stützte mich mit beiden Händen auf der Scheibe ab und schaute hinein. Aber nur die Spuren meiner zehn Finger blieben zurück. Manchmal begleitete ich Vater, wenn er Nachtdienst hatte, denn ich fürchtete mich allein zu Hause. Es gab keinen besonderen Aufenthaltsraum, und ich musste die Nacht im Büro verbringen. Ich holte mein Aufgabenheft hervor, und Vater schaute auf die Monitore für die Ausstellungsräume im ersten und zweiten Stock. Endlich wagte ich, ihm die Frage zu stellen, was ich studieren sollte, anstatt erst einmal über meinen Wunsch, die Universität zu besuchen, zu sprechen. „Musst du denn unbedingt studieren?", fragte Vater, ohne sich zu mir umzuwenden, denn das Thema interessierte ihn denkbar wenig. Bevor ich antworten konnte, kamen mir die Tränen. Ich war böse auf ihn, denn ich hielt es für einen klaren Beweis für seine mangelnde Liebe, dass er für die Zukunft seines einzigen Kindes nichts investieren wollte und keinerlei Erwartungen hegte. Ich war wirklich verärgert. Ich fand es selbstverständlich, dass er mir half, auf eigenen Füßen zu stehen. Es ist die Pflicht eines Vaters, seine Kinder studieren zu lassen. All das ging mir durch den Kopf. Ich wollte nicht wie mein Vater leben und konnte nicht verstehen, wie er so lange stumm an einem Ort ausharren konnte. Er verdiente nicht besonders gut. Wir kamen mit dem Geld einigermaßen über die Runden, aber er schien damit zufrieden zu sein. Dafür hatte ich kein Verständnis. Dass Vater so ganz im Schatten eines anderen lebte, fand ich ungerecht, und dass ich die Universität nicht besuchen sollte, war ebenso unfair.

Irgendwann einmal hatte ich den Besitzer des Museums, den bekannten Kalligraphen, zu Gesicht bekommen. Seine Autorität und sein Einfluss, sein Reichtum und Ansehen waren auf einen Blick zu erkennen. Vater öffnete für den Wagen das stets geschlossene Eisentor und verharrte in einer tiefen Verbeugung, bis dieser den See erreicht hatte. Danach ging ich zum ersten Mal zu diesem See hinunter, der an der Zufahrtsstraße zum Museum lag. Er war mir groß und tief vorgekommen, aber das schien nicht zu stimmen, denn es gab keine Boote und keine Angler. Das ruhige Wasser war nicht klar. Es hatte eine trübe Wolkenfarbe. Aus mir brachen eine Reihe undefinierbarer Gefühle hervor, und ich nahm mir vor, mein Bestes zu tun, um erfolgreich zu sein. Von der Jagd nach dem Glück wollte ich mich nicht mehr ausschließen. Ich wollte so leben, dass ich anderen Leuten in nichts nachstehen musste. Dafür aber brauchte ich eine Hochschulausbildung.

Mir fehlte der Mut, meinem Vater das mit Worten verständlich zu machen. Stattdessen kamen mir heiße Tränen. Nach längerem Schweigen zog Vater mich plötzlich am Ärmel mit sich. Eine merkwürdige Kraft ging von ihm aus. Wir gingen durch den dunklen Flur, und Vater öffnete den Ausstellungsraum. Ich zögerte, den unbeleuchteten Raum zu betreten. Die mit viel Rot gemalten Götzenbilder, die Statuen der vier Himmelskönige, des Richters der Unterwelt, steinerne Schutzgottheiten und die Nähe der Urnensärge waren mir unheimlich, denn sie schienen mich drohend anzustarren. Vater nahm meine Hand fest in die seine und führte mich in den zweiten Stock. Die Holztreppe war gebohnert und ziemlich glatt. Er öffnete vorsichtig eine Vitrine und nahm eine Seladonvase heraus. Im Licht der Taschenlampe war an seinem Gesichtsausdruck zu erkennen, für wie wertvoll er das Stück hielt. Mit weißen Baumwollhandschuhen hielt er die schlanke Vase behutsam hoch. Langsam streichelte er sie wie den Körper einer schönen Frau. Dann fasste er sie am Hals und drehte sie um. Ich hatte Angst, sie könnte zerbrechen.

„Siehst du hier unten die hellen Flecken?"

Mit der Taschenlampe leuchtete er unter den Boden der Vase. Im blassen Licht waren drei kleine Punkte zu erkennen.

„Das sind ‚Tränenspuren'. Als ‚Sesamkörner' werden sie auch bezeichnet."

Sie stammten von einem Untersatz, denn wenn man das Gefäß zum

Brennen direkt auf den Boden der Ofenanlage gestellt hätte, hätte sich Sand daran festgesetzt. Um das zu verhindern, machte man früher einen Untersatz aus feuerfestem Ton. Darauf legte man drei Steinchen. Nach dem Brennen wurden diese entfernt und hinterließen Spuren, die Sesamkörnern glichen. Alle guten Seladonstücke haben diese Spuren, und daran kann man ihre Echtheit erkennen. Die Echtheit als solche flößte Vater schon Ehrfurcht ein. Er war von den Tränenspuren auf der Keramik tiefer beeindruckt als von meinen. Was sollte mir das alles sagen? Mir gehörte die Vase doch nicht. Nur das Wort „Tränenspur" sprach mich an. Es ließ mich an die Töpfer denken, denen beim Brennen nur zehn Prozent der Stücke gelangen, während sie die restlichen neunzig Prozent zerschlagen mussten.

„Warum nennt man die Punkte ‚Tränenspuren'?", fragte ich mit tränenerstickter Stimme. Ich hatte keine Ahnung, warum Vater mir das gezeigt hatte. Er stellte die Vase in die Vitrine zurück, beleuchtete sie mit der Stablampe und erklärte mir die Hintergründe: „In der Koryo-Zeit war der Buddhismus verbreitet, und als Zen-Übung wurde die Meditation gepflegt. Der Tee diente der seelischen Läuterung, und darum waren Tee und Teegefäße sehr begehrt. Zuerst lernten die Töpfer von chinesischen Meistern. Ihre Technik war anfangs noch nicht ausgereift und sie machten vieles falsch. Das kann man heute an alten Scherbenhaufen ablesen, denn unvollkommene Schalen wurden zerschlagen." Darum sprach man also von Tränen!

„Man braucht nicht zu studieren, um ein wertvoller Mensch zu sein. Aber wenn du es unbedingt willst, hindere ich dich nicht daran. Tränen will ich jedoch nicht mehr sehen. Man ist glücklich, wenn man das tun kann, was man möchte. Dann hat man keinen Grund zum Weinen."

Dennoch heulte ich wieder los. Er sah jetzt vielleicht ein, dass ich in meinem Leben noch oft weinen würde, und riet mir: „Vergieß keine Tränen! Behalte deinen Kummer im Herzen."

Vielleicht wollte er mir sagen, dass man um des einen Zehntel Erfolges willen seine Tränen beherrschen sollte.

Für meine Verabredung mit dem Mann hatte ich einen bequemen langen Rock gewählt. Wegen meines Berufs besaß ich viel mehr Kleider als andere Frauen. Das gefiel mir. Die englische Designerin Mary Quilt, die Erfinderin des Minirocks, hatte mit neunzehn Jahren mit dem Schneidern begonnen, weil sie sich nicht all die Kleider leisten konnte, die ihr gefielen. Mein Berufswunsch hatte einen ähnlichen Grund. Das war auch die Antwort, die ich gab, wenn man mich danach fragte. Mein Freund hatte sich über diesen kindischen Grund mokiert. Er wusste nicht, dass er meinem Leben Elan gab. Seit ich meine Karriere als Designerin begonnen hatte, regte Vater sich auf, wenn ich jedes Mal andere luxuriöse und auffällige Sachen trug. Er meinte, man dürfe sich nicht so eitel nur um das Aussehen kümmern, sondern müsse nach Harmonie zwischen Innen und Außen streben. Aber mein sonstiger Lebensstil war eher bescheiden. Die Konkurrenz unter den Designern, die für jede Saison im Voraus eine Mode kreieren müssen, die neu, kreativ, eigentümlich und ansprechend sein soll, setzte mich stark unter Druck. Da ich nicht die reguläre Hochschulausbildung und auch keine Auslandserfahrung vorweisen konnte, musste ich das durch Disziplin, Geduld und Eigensinn wettmachen. Ich hatte also wirklich oft Grund zum Weinen. Nach einem ziemlich nutzlosen Literaturstudium hatte ich zwei Jahre lang in einem Institut Modedesign gelernt und dann über einen Wettbewerb eine Stelle bekommen. Wegen dieser Sonderstellung wurde ich von vielen angefeindet und beneidet. Dennoch war ich eine Weile erfolgreich. Um meinen Lebensstandard zu verbessern, sparte ich eifrig. Von Vater erwartete ich keine Hilfe. Zuerst schaffte ich mir ein Auto auf Raten an. Die Zahlungen waren zwar eine Belastung, aber das Gefühl der Unabhängigkeit war es mir wert. Ich tauschte mein kleines Zimmer, das bis zum letzten Winkel mit einem engen Kleiderschrank, zwei Extrakleiderstangen, einem großen Arbeitstisch und einer kopflosen Schaufensterpuppe angefüllt war, gegen eine Dreizimmer-Eigentumswohnung am Stadtrand ein. Ich hatte zwar eine Hypothek aufnehmen müssen, war aber stolz darauf, es aus eigener Kraft geschafft zu haben.

Vor der Buchhandlung drängten sich so viele Menschen, dass ich nur schwer hindurchkam. „Neben der Chongno-Buchhandlung ist doch die Exchange Bank. Wer von uns zuerst da ist, kann dort auf dem Sofa warten." Die Stimme des Mannes hatte so deutlich geklungen, als sei er nebenan. „Woran können wir einander erkennen?" Mich störten seine Selbstsicherheit und Unbefangenheit. Er erklärte, er trage ein schwarzes Polohemd mit einem grauen Jackett und habe einen Holzkasten dabei. Daran sei er leicht zu erkennen. Er werde pünktlich sein.

Energisch stieß ich die Glastür der Bank auf. Ich erkannte den Mann, der nach draußen schaute, sofort. Der Kasten aus glattem Holz stach mir gleich ins Auge. Er war mit einer roten Kordel verschnürt. Sein Anblick versetzte mir einen Stich ins Herz. Mir wurde schwindelig. Meine Schritte stockten, denn mich fröstelte es wie beim Tod meines Vaters, als man mir den Kasten mit seiner Asche überreichte. Aber ich überwand mich, schluckte, holte tief Luft und ging auf ihn zu.

„Frau Kim?"

Der Mann, der ungefähr mein Alter hatte, kam mir entgegen. Als ich mich zu erkennen gab, kam er noch dichter heran. Es war mir etwas unangenehm, dass er das gleiche Kölnisch Wasser benutzte wie mein Freund, aber er machte einen ordentlichen Eindruck, so dass ich beruhigt war. Er sah nicht so aus, als wollte er mir wegen Vaters Erbstück Geld abschwatzen.

Das Wetter war plötzlich umgeschlagen. Es war kühl und windig, und ich hätte am liebsten alles stehen und liegen lassen, um nach Hause zu gehen. Aber ich musste abwarten, bis ich Vaters Erbstück bekam, den unerwarteten Glückskasten, die Erfüllung meiner kühnen Hoffnung, den Lohn meiner vielen Mühen.

Der Traum von meinem Vater neulich hatte sicher etwas mit dem Kasten zu tun, denn Träume sind oft wahrer und zuverlässiger als die Wirklichkeit. Ich folgte dem Mann in einem kleinen Abstand, denn ich wollte ihn meine Freude nicht sehen lassen. Wenn ich sie für mich behielt, würde sie noch länger und tiefer anhalten, glaubte ich. Wortlos ging ich ihm nach, als sei es eine Verfolgung, damit er sich nicht mit meinem kostbaren Erbstück absetzen konnte.

Nach der Unterführung schlug der Mann den Weg nach Insa-Dong ein. Immer wenn er angerempelt wurde, geriet der Kasten in seiner Hand ins Schwanken. Mich machte das nervös. Am liebsten hätte ich den Kasten fest in die Arme genommen, um mich damit so schnell wie möglich in mein Schlafzimmer zurückzuziehen, dessen Vorhänge ich fest schließen würde. Während ich Angst um das gute Stück hatte, schlenderte der Mann lässig dahin. Ich konnte meine Augen nicht von dem Kasten lassen. Da drehte er sich um und fragte mich, ob ich ein nettes Teehaus wüsste. Es gab viele, aber mir fiel keins ein, wo ich den Kasten unauffällig hätte auspacken können. Während ich noch zu den Schildern emporschaute, schlug er vor, in die Teestube der Kyongin-Galerie zu gehen. Dort war ich schon mehrmals gewesen, aber auch da schien es mir nicht besonders sicher. Das Erbstück würde zu viele Leute anlocken.

„Früher war hier eine Apotheke. Es hat sich vieles verändert", sagte der Mann und übernahm die Führung.

Es waren nicht allzu viele Leute dort. Sie unterhielten sich ruhig bei ihrem Tee. Der Mann stellte den Kasten auf die Glasplatte, die über einem alten Holzbottich lag. Ich wollte ihm eigentlich vorschlagen, mit mir grünen Tee zu trinken, aber das Auf- und Umgießen war mir zu umständlich, so dass ich warmen Persimonenpunsch bestellte. Ich vermied es, den Mann und den Kasten anzustarren, und klopfte auf meinem Knie den Rhythmus der Kayagum-Zither nach. Mir lagen viele Fragen auf der Zunge, z.B. woher er meine Telefonnummer hatte, was ihn mit meinem Vater verband und was sich eigentlich in dem Kasten befand. Aber ich wartete schweigend ab. Der Mann schaute sich immer noch um. ‚Hier hat sich vieles verändert', schien er sagen zu wollen. An der Stelle, wo früher der Gästeflügel des traditionellen Hauses gestanden hatte, befanden sich jetzt stillose Tische und Stühle, eine Wassermühle, ein kleiner Teich, ein Eisenofen und eine nackte Frauenfigur aus Bronze. Der Anblick schien ihn nachdenklich zu stimmen.

„Ich begreife nicht, warum die Leute immer alles verändern wollen. Warum werfen sie Altes nur so leicht fort?"

Er hatte das sicher nicht nur so dahingesagt. An alten Traditionen schien ihm zu liegen.

‚Die Gegenwart ist wichtig. Ist es nicht vernünftig, mit der Zeit zu gehen? Das Alte unbesehen erhalten zu wollen, ist nicht immer richtig. Wichtig ist doch die Gegenwart.' Das lag mir auf der Zunge, aber ich wollte keine lange Debatte auslösen.

„Der Reformer Pak Yonghyo war der Schwiegersohn des Königs. Damals war es Sitte, dass der Gemahl einer Prinzessin nach deren Tod nicht wieder heiraten durfte. Der König schenkte dem Witwer dieses Haus zum Trost."

Das hatte ich auch schon einmal irgendwo gelesen und nickte zustimmend. Der Mann schaute nach draußen, als bedauerte er den Abriss des Gästeflügels.

Jetzt zog er den Kasten näher heran. Er schien ihn öffnen zu wollen, bevor unser Punsch kam. Er begann, die Schnur aufzuknoten. Seine fest geschlossenen Lippen bewegten sich kein bisschen und er wirkte völlig ausdruckslos. Der Deckel des Kastens schloss so dicht, dass er nicht leicht aufging. Innen befand sich noch ein kleinerer Kasten. Der Zwischenraum war mit Noppenfolie vollgestopft. Der Mann begann, etwas fest in weißes Papier Eingewickeltes aus dem kleinen Kasten auszupacken. Was es war, wusste ich zwar nicht, aber es war so klein, dass es sich keinesfalls um eine Seladon-Keramik handeln konnte. Meine Enttäuschung war so groß, dass er sie mir sicher ansehen konnte. Der Traum von einem kostbaren Erbstück zerrann zu nichts. Den Glückskasten gibt es also nicht, sagte ich mir. Ich atmete einmal durch. Um mir nichts anmerken zu lassen, zog ich die Mundwinkel ein klein wenig hoch, wie ich es mir angewöhnt hatte. Die Augen machte ich groß auf und mit leicht gesenktem Kopf schaute ich dem Mann beim Auspacken zu.

Was er auf den Tisch stellte, sah aus wie Spielzeuggeschirr. Aber es war nicht aus Plastik, sondern aus milchweißem Porzellan mit blauem Rand und aufgemalten Bildern.

Die drei Teile waren so winzig, dass der Mann sie auf einer Handfläche hätte halten können. Wollte er sich über mich lustig machen? Die Diskrepanz zwischen einer echten Seladonvase, deren „Tränenspuren" Vater mir gezeigt hatte, und diesen Dingelchen war zu groß. Ich war durch den Anruf des Mannes, der mir ein Erbstück meines Vaters ankündigt hatte, herbeigelockt und hereingelegt worden. Der Mann aber betrachtete das Geschirr, das er doch selbst mitgebracht hatte, mit so viel Wohlgefallen, als sähe er es zum ersten Mal.

„Oh, was ist denn das? Wie niedlich!", sagte die nicht mehr ganz junge Frau in einer hellbraunen Tracht überrascht und stellte den heißen Punsch auf den Tisch. „Darf ich die mal anfassen?", fragte sie und dabei hatte sie ihre Finger schon an dem rechteckigen Teller, der Vase mit der Traubenbemalung und dem Weihrauchgefäß mit Deckel. Der Mann war erschrocken und legte seine Hände schützend darüber wie ein Kind, das sein Spielzeug nicht mir anderen teilen will. Die Frau entschuldigte sich und verschwand mit ihrem Tablett.

„Was ist das eigentlich?", fragte ich, ohne meinen Missmut zu verbergen.

„Was gibt es Ihrer Meinung nach nach dem Tod?"

Er sah ein wenig verunsichert aus. Ich war ärgerlich, weil er einer Antwort auswich.

„Bleiben Sie bei der Sache. Sagen Sie mir, ob es wirklich dies ist, was Vater mir hinterlassen hat oder warum Sie mir diese Dinger mitgebracht haben."

Ich sprach heftig und war rot geworden. Meine Stimme klang erregt und gereizt.

„Warum kommen wir nicht zum Kern der Sache? Wollen Sie nicht wissen, welche Bewandtnis es mit diesen Stücken hat?"

Jetzt war er es, der gereizt war. Um seine Gelassenheit zurückzugewinnen, steckte er sich eine Zigarette an. Der Rauch ballte sich wie eine Wolke zusammen und löste sich dann langsam auf.

„Eigentlich habe ich mich zuerst einmal bei Ihnen entschuldigen wollen", sagte er höflich. „Dass Ihr Vater fast dreißig Jahre lang in unserem Museum gearbeitet hat, wissen Sie ja." Er sprach von „unserem" Museum. Er berichtete, er sei ein Nachkömmling des Museumsbesitzers und habe mit seiner Mutter in Japan gelebt. Er habe seinen Vater gelegentlich besucht, sei aber in Japan zur Schule gegangen und habe dort auch studiert. Seine Mutter sei auch Koreanerin. Tatsächlich hatte er einen leichten japanischen Akzent. „Als ich aufwuchs, fehlte mir mein Vater. Meine Mutter hatte nichts dagegen, dass ich in seine Fußstapfen trat. Vor ein paar Jahren kam er zu einer Teetassenausstellung nach Japan. Damals hat er diesen Kasten mitgebracht."

„Und?", fragte ich ungeduldig.

„Haben Sie noch etwas Zeit?" Er schien plötzlich die Ruhe selbst.

„Ja, warum?", fragte ich.

„Ich möchte Ihnen etwas zeigen. Dann können Sie alles verstehen."

Der Mann wirkte seriös und zuverlässig. Ich hatte keinen Grund, abzulehnen. Ohne noch etwas zu erwarten, stand ich auf.

„Glauben Sie an ein Leben nach dem Tod?"

Ich schreckte zurück, denn die Erwähnung des Todes berührte mich peinlich. Ich folgte dem Mann hinaus.

Als wir aus dem Taxi ausstiegen, hatte es aufgeklärt. Die Sonne blendete mich und ihre letzten Strahlen sandten ein wenig Wärme in die aufkommende Kälte. Es war zwar merkwürdig, noch einmal ins Museum zu gehen, aber ich verließ mich auf das Versprechen des Mannes und wollte mir endlich Klarheit verschaffen. Außerdem war er mir nicht unsympathisch.

Ich kam ihm zuvor und kaufte die Eintrittskarten. Wie vorhin waren wenige Menschen dort. In der Eingangshalle schaute der Mann sich die Hinweistafel genau an. Ich zog zwei Becher Milchkaffee aus dem Automaten, aber als ich mich umwandte, war er verschwunden. Ich sah, wie er der jungen Angestellten am Informationstisch den Kasten zur Aufbewahrung gab. Wäre das eine echte Seladonkeramik gewesen, hätte er sie sicher nicht aus der Hand gegeben. Ich war ein wenig niedergeschlagen. Indem er mir den für ihn bestimmten Kaffeebecher abnahm, kam der Mann zur Sache. „Ich möchte Ihnen etwas zeigen, damit Sie Ihren Vater verstehen können. Während ich mich mit Keramik befasste, habe ich erfahren, dass in diesem Museum die gleichen Dinge ausgestellt sind, die Ihr Vater Ihnen hinterlassen hat."

Ich konnte mir nicht vorstellen, was er eigentlich meinte. Er klopfte mir leicht auf die Schulter und führte mich in den Ausstellungsraum.

Wie sonst auch ging ich langsam an den Vitrinen vorbei, denn seit eben hatte sich bestimmt nichts geändert. Die hinter Glas bei gleich bleibender Temperatur und Luftfeuchtigkeit aufgestellten Objekte konnten keinen Staub fangen und blieben vom weiteren Einfluss der Zeit verschont.

„Wissen Sie, woher all diese Stücke stammen?", fragte er im Saal für Koryo-Keramik. Ich schüttelte den Kopf. „Die heute noch erhaltenen Seladone wurden fast alle in Gräbern gefunden. Familienerbstücke gibt es eigentlich nicht. Über neunzig Prozent stammen aus Ausgrabungen."

Er sprach voller Überzeugung.

„Aber man fand nicht viele, meist nur ein oder zwei Stücke. Die Muster auf den Seladon-Grabbeigaben waren im allgemeinen Wolken mit Kranichen. Wissen Sie wieso?"

Seine rhetorische Fragerei störte mich. Statt einer Antwort schaute ich mir die dahinziehenden Wolken und Kraniche an.

„Die Menschen von Koryo waren fasziniert von der Welt des Buddhismus. Nach der buddhistischen Lehre ist unsere diesseitige Welt nur ein flüchtiger Augenblick, aber durch die Seelenwanderung setzt sich das Leben auf ewig fort. Deshalb sollte man nicht im vorübergehenden Genuss leben, sondern sich auf die Ewigkeit einstellen."

Ich fand das einleuchtend. Zwar schaute ich ihn nicht an, nickte aber zustimmend. Vielleicht freute er sich darüber, jedenfalls kam er etwas näher heran und fuhr fort: „Als Ausdruck für dieses Jenseitsstreben wurden auf den Seladonen Kraniche dargestellt, die durch die Wolken zum klaren Himmel hinauffliegen. Sie sind also ein Symbol für die Sehnsucht nach der Ewigkeit."

Ob er sich persönlich für das Seladon interessierte? Oder war das nur ein Teil seiner Vorbereitung, um im Museum seines Vaters zu arbeiten? Das war gut möglich. Würde er dann der neue Leiter? Ich warf einen flüchtigen Blick auf den Mann, der von der hellen Welt jenseits der Seladongefäße zu träumen schien.

„Ja, aber..."

„Kommen Sie mal her."

Seine Stimme hallte etwas, denn da das Museum gleich schließen würde, war niemand mehr da. Er winkte mich heran. Da ich keinerlei Erwartungen mehr hatte, schlenderte ich gelassen zu ihm hinüber. Seine kurz geschnittenen Haare wirkten adrett. Nachdem ich einen Blick auf sein Profil geworfen hatte, ging ich noch dichter an die Scheibe heran. Mit dem Blick wies er auf die Dinge, die er mir zeigen wollte. Ich starrte darauf. Da standen die Figuren aus meinem Traum, der Mann mit dem Haarknoten auf dem Kopf und neben ihm die Frau mit dem welligen Haar. Beide hatten die Hände in die weiten Ärmel ihrer Gewänder gesteckt. Sie waren nur etwa fünf Zentimeter groß. Ich beugte mich neugierig vor, um die Beschriftung zu lesen: „Diese Gegenstände wurden Toten mit ins Grab gegeben, um den Seelen das Leben im Jenseits möglichst angenehm zu machen. Grabbeigaben gibt es seit der Zeit der Drei Reiche. In der Koryo-Zeit wurden Seladone mitgegeben. In der Choson-Zeit wurden statt des normalen Porzellans eigens dafür hergestellte Miniaturen mit begraben. Die Schüsseln, Teller, Vasen, Krüge, Herren, Diener und Dienerinnen, Pferde und dergleichen sahen wie Spielzeug aus. Bei Ausgrabungen sind sie ein wertvolles Material für die Datierung der Keramik." So weit die Erläuterung zu den Porzellanminiaturen.

Neben dem Diener und der Dienerin befanden sich winzige Gefäße wie die, die mein Vater mir hinterlassen hatte.

Mir wurde ganz seltsam zumute. Wie überrascht war ich, als ich die Figuren aus meinem lebhaften Traum wirklich vor mir sah und ihre Bedeutung begriff! Der Mann erklärte noch einmal den Brauch, Toten solche Miniaturen mit ins Grab zu geben, damit die Seelen im Jenseits ihr Leben einrichten könnten. Jetzt war mir der Sinn der Erbstücke klar. Ich konnte es kaum fassen, dass Vater sich zu Lebzeiten Gedanken über das Jenseits gemacht hatte. Ich wusste zwar dass im alten Ägypten beim Tod eines Herrn alle Mitglieder des Haushalts zusammen beigesetzt wurden, und beim Tod eines Kaisers im alten China wurden Dutzende, Hunderte von Untertanen mit beerdigt. Aber mein Vater war weder einflussreich noch wohlhabend genug, um einen solchen Wunsch zu haben. Von seiner Stellung her gesehen, hätte er eher eine Grabbeigabe für den reichen Museumsbesitzer abgeben können.

„Wie ist mein Vater an die Sachen herangekommen?" Meine Stimme war so heiser und gedrückt, dass der Mann mich forschend anschaute.

Zu Lebzeiten hatte Vater nie über dieses Thema gesprochen. Ich lebte als Studentin in einer armseligen Bude in der Nähe der Universität, als er mit Leberkrebs ins Krankenhaus eingeliefert wurde. Ich eilte zu ihm ans Krankenbett in der Notaufnahme, aber er versicherte mir nur, es bestünde kein Anlass zur Sorge. Rechnete er nicht mit seinem Tod? War er nicht darauf gefasst, so plötzlich und unerwartet zu sterben? Trotzdem hätte er mich aufklären müssen. – „Ich habe Grabminiaturen. Ich glaube an das Jenseits. Ich möchte dort nicht wie ein Niemand leben. Gib mir die Miniaturen mit ins Grab." – So viel hätte er wenigstens sagen können und vielleicht noch: „Ich habe schon früh den Ehrgeiz aufgegeben, reich und angesehen zu werden. Ich wusste, dass das keinen Zweck hatte. Deshalb fand ich es besser, ein bescheidenes, ruhiges Leben zu führen als mich abzustrampeln, um nach oben zu kommen. Darum habe ich gern im Museum gearbeitet. Aber seit ich von den Grabbeigaben erfahren habe, hat sich mein Ehrgeiz geregt. In der künftigen Welt möchte ich besser leben als in dieser. Um solche Miniaturen zu bekommen, habe ich fleißig und mit Freude gearbeitet. Gib sie mir bitte mit ins Grab."

Ich aber hatte ihn einäschern lassen.

Soweit ich Vater kannte, war er frei von materiellem Ehrgeiz. Hatte er nur auf das Jenseits gewartet, weil er in dieser Welt schon früh alle Hoffnungen aufgegeben hatte? Ich kann das nicht begreifen. Auch für einen Niemand ist das Leben lebenswert, sagt das Sprichwort. Außerdem bin ich skeptisch, ob man nach dem Tod noch irgendetwas erwarten kann.

„Mein Vater hat die Sachen aus einer illegalen Grabung gekauft, natürlich weit unter dem Normalpreis."

Der Mann legte seinen Arm sacht um meine hängenden Schultern.

„Ihr Vater hatte schon lange vereinbart, dass er gegen Grabminiaturen auf eine Altersabfindung verzichten würde. Er war so versessen darauf, dass er zusätzlich noch einen Gehaltsabzug in Kauf nahm. Zuerst hielt ich die Miniaturen für ganz normales Porzellan. Welche Bedeutung sie haben, erfuhr ich bei der Beschäftigung mit Keramik, nachdem mein Vater mich testamentarisch zum Leiter des Museums eingesetzt hatte. Ich muss mich bei Ihnen entschuldigen. Mein Vater ist nach Japan gekommen und wollte die Sachen schätzen lassen, denn in Korea wäre das schwierig gewesen, da sie ja illegal waren. Er beauftragte mich damit, aber inzwischen ist Ihr Vater ja verstorben."

Vorsichtig fuhr er fort: „Offen gesagt, wurde ich habgierig. Ich wollte die Sachen in unserem Museum ausstellen. Aber je mehr ich mich damit beschäftigte, desto stärker war ich davon überzeugt, dass sie beseelt waren. Ein ungutes Gefühl bedrückte mich."

Wie ein Japaner verneigte er sich höflich.

Um ihm nicht weiter zuhören zu müssen, strebte ich dem Ausgang zu. Ich wollte nichts mehr davon wissen, warum er sich erst jetzt nach mehreren Jahren gezwungen sah, die Sachen zurückzugeben. Ich wollte nichts davon hören, warum die alte Vereinbarung mit Vater nicht eingehalten und dessen letzter Wunsch zunichte gemacht wurde. Den Verrat an Vater konnte ich als eine vergangene Sache abtun, aber ich kam nicht so leicht darüber hinweg, dass Vater bis zu seinem Ende auf die Miniaturen gewartet hatte, dass er so lange nur dafür gelebt und diesen schönen Traum ganz für sich allein behalten hatte.

Draußen war es jetzt stürmisch. Der Herbstwind wehte mir mit Sand vermischte raschelnde Blätter entgegen. Die dicke Laubschicht unter meinen Füßen war angenehm weich. Wie kann ich jetzt noch Vaters Willen erfüllen? Ich konnte an nichts anderes denken, als dass ich seinen Herzenswunsch und seinen letzten Willen, selbst wenn er unverständlich und fremd war, erfüllen wollte.

„Was soll ich machen?", fragte ich den Mann.

Mir brannten die Augen, und Tränen wollten mir kommen, als ich ihn anschaute. Wie sehr wünsche ich mir, die Miniaturen auch jetzt noch neben ihm einzugraben, wenn er nur ein Grab hätte!

Endlich übergab mir der Mann den Holzkasten, in dem sich das schöne Geheimnis befand. Vaters kostbares Erbe wog schwer.

Bae Su-Ah

Ein Rudel schwarzer Wölfe

An schwarze Wölfe musste ich zuerst im Nudelimbiss neben dem Eingang zum Zoo denken. Es war unsäglich heiß, und die Klimaanlage kam nicht dagegen an. Die Imbissstube war voll von Kindern mit silbernen Luftballons und einer Schar junger Männer mit Sonnenbrillen. Aus dem Radio auf dem Kühlschrank schallte die Wochenendsendung mit den amerikanischen Hits der letzten drei Monate. Die Nudelsuppe, auf der geröstete Seetangstreifen schwammen, wurde auf den als Esstisch dienenden Tresen vor mich hingestellt.

„Den Schlager höre ich zum ersten Mal", sagte ich, während ich die Nudeln schlürfte. „Für mich ist er ganz neu, aber der Moderator redet darüber, als würde er ihn in- und auswendig kennen wie die Hymne seiner Oberschule."

„Du hörst ja auch kein Radio. Für nicht elektronisch verstärkte Musik interessierst du dich doch auch nicht. Die ist jetzt *in*.."

Trotz dieser Feststellung meines Begleiters war das, was da aus dem Radio tönte, der laute Klang einer elektrischen Gitarre. Mir war das eigentlich völlig gleichgültig.

Hinter meinem Rücken wartete der Eingang zum Zoo des hochsommerlichen Vergnügungsparks auf Besucher. Der zum Zoo führende Radweg war butterweich geworden. Die Besucher hatten ihre Autos auf dem Parkplatz abgestellt und liehen sich hier Fahrräder, mit denen sie in den Zoo fuhren. Im Park gab es sicher eine Achterbahn und Karussells.

„Ich will mit der Achterbahn fahren", erklärte ich, während ich die Nudeln mit den Stäbchen aufwickelte. Bei dieser Hitze müssten wir eine beträchtliche Strecke mit dem Rad zurücklegen. Mein Begleiter dachte sicher, wie viel besser es gewesen wäre, wenn wir in der Stadt ins Kino gegangen wären oder in eine gemütliche Kneipe am Kai, wo wir ein kühles Bier hätten trinken können. Aber ich hatte den Vorschlag, hierher zu kommen zuerst gemacht. So eine Stadt am Meer hat meistens einen Zoo. Es gibt alte Schulen und vielleicht ein Museum mit Sachen aus dem Krieg oder sonst die Schaukeln bei den neuen Wohnblöcken. So etwas gefällt mir.

„Gehen wir zuerst in den Zoo. Dann können wir ja weitersehen."

Ich aß den Rest Nudeln auf und legte die Stäbchen fort. Am Eingang zum Zoo war das Licht so grell wie ein Landschaftsbild, bei dem der Maler die Schatten vergessen hatte, und die Cola-Flaschen der Leute glitzerten. Es war der Sonntag vor einem staatlichen Feiertag. Ich hatte also am nächsten Tag keine Vorlesungen, und mein Begleiter musste nicht ins Büro gehen.

Frühmorgens – noch bevor die Zeitungen ausgetragen waren – hatte ich ihn mit meinem Anruf geweckt. Vor einiger Zeit hatten wir einen heftigen Streit gehabt, wonach wir uns eine Weile nicht mehr gesehen hatten. Jetzt rief ich ihn einfach an, als sei nichts gewesen. So etwas war schon häufiger vorgekommen, und ein solcher Streit berührte uns nicht wirklich. Ich musste in die Hafenstadt fahren, in der ich noch nie gewesen war, und bat ihn, mich zu begleiten. Er war schon mehrmals dort, erklärte aber, es gebe dort nichts Besonderes zu sehen. Das Meer sei ölverschmutzt, und der Strand sei vor kurzem fürs Baden geschlossen worden. Die Zufahrt zum Hafen sei wegen Bauarbeiten umständlich. Wenn ich dort nur die Feiertage verbringen wollte, gebe es bessere und nähere Ausflugsziele. Ich hatte aber darauf bestanden, dass ich dorthin müsse, und so hatten wir uns früh getroffen, an einem Stand ein Sandwich und Kaffee besorgt, und hatten den Zug bestiegen. Dort bemerkte mein Freund: „Die Leute aus der Hafenstadt haben alle eine ungesunde Gesichtsfarbe."

„Wieso?"

„In der Zeitung wurde vor kurzem von saurem Regen berichtet. Die Windrichtung ist dort ungünstig."

„Ich bin da geboren."

Das stimmte auch, aber da wir bald danach weggezogen waren, kannte ich die Stadt überhaupt nicht.

In Seoul hatte mein Vater zusammen mit einem Freund eine Reinigung betrieben. Im Jahr darauf wurde er Aufseher in einer kleinen Färberei und kurz danach zeitweise Plattenleger für die Stadt. Als Schülerin glaubte ich, er sei immer schon Plattenleger gewesen. Ich erinnere mich an seinen braunen Arbeitsanzug an der Wand. Es war ein Sonntag, an dem sich alle meine Freundinnen trafen, um Cola trinken zu gehen, während ich zu Hause auf die Wand mit dem Arbeitsanzug starrte und auf meinen Bruder wartete, der mir vielleicht etwas mitbringen würde. Der Boden klebte vor Feuchtigkeit, und durch das vorhanglose Fenster drangen die sonntäglichen Freizeitgeräusche und der Geruch frisch gebackenen Kuchens. Es war Zeit, dass mein Bruder vom Austragen der Abendzeitung zurückkehrte und mir eine Zuckerstange mitbrachte, die ich so mochte. Am selben Abend noch kam mein Vater, der meist mit dem Gesicht zur Wand im Zimmer gelegen hatte, bei einem Verkehrsunfall ums Leben.

Nur einen Moment lang dachte ich an die Wölfe in ihrem Zwinger, an dem die Kinderwagen schiebenden Menschen vorbeischlenderten. Wegen der Hitze herrschte am Fahrradverleih kaum Betrieb. Am Stand, wo Kaugummi mit Pfefferminzgeschmack und Vanilleeis verkauft wurde, drängten sich die Kinder. Mein Freund kaufte ein Eis und ein Kaugummi, und ich stieg aufs Fahrrad. Ab und zu wirbelten nagelneue Autos mit provisorischen Nummern im Vorbeifahren Staub auf.

Meinen Freund hatte ich als Werkstudentin in seiner Firma kennen gelernt. Er hatte erklärt, dass er keine Zeit hätte, weil er tagsüber im Büro arbeiten und abends studieren müsse. Es waren Winterferien und mein Bruder ging morgens früh aus dem Haus, um sich in der Universitätsbibliothek einen Platz zu reservieren, und ich bediente das Telefon in dem Büro, wo mein Freund arbeitete. Auf den Schreibtischen stapelten sich die Akten und auf dem Telefontisch lagen mehrere Dutzend verschiedene Kugelschreiber herum. Meine Aufgabe bestand darin, zahlreiche Kopien anzufertigen, Material aus dem Aktenraum zu holen, Kaffee zu kochen und sogar den Boden zu wischen. Aber die Arbeit machte mir Spaß. Nach zwei Wochen lud er mich zum Abendessen ein, danach zum Tanzen und schließlich noch in ein Café.

„Was hältst du von Schuhdesign?", fragte er mich. „Ich bin zwar für den Vertrieb zuständig, wo ich mit Zahlen zu tun habe, aber eigentlich interessiere ich mich mehr für das Design von Schuhen."

„Davon verstehe ich nichts. Aber wenn du es wirklich willst, wird sich sicher eine Möglichkeit finden."

„Was willst du nach dem Studium machen?"

„Darüber habe ich mir noch keine Gedanken gemacht. Ich weiß auch nicht, ob ich wirklich einen Beruf haben muss."

„Du kannst dir so etwas leisten. Du heiratest sicher bald und kannst das Wochenende in Copacabana verbringen."

Ich musste lachen, obwohl seine Bemerkung überhaupt nicht auf mich zutraf.

„Es gibt doch solche Frauen wie dich."

„Was für Frauen?"

„Die Arbeit für ein modisches Zubehör halten. Männer auch. Je präsentabler, je mehr, desto besser."

„Aber ich bin doch nicht so!"

Er trank einen Schluck Bier und biss ein Stück von seiner Banane ab.

„Jedenfalls gibt es Frauen, die über sich selbst gar nichts wissen. Ich habe zwei ältere Schwestern, bei denen das so ist. Bis zur Heirat waren sie die reinsten Nervenbündel. Danach aber waren sie plötzlich die Sanftheit in Person und streiften mit verklärter Miene durch die Kaufhäuser."

Selbst nachdem er erfahren hatte, dass ich mit meiner Mutter und meinem Bruder im Souterrain eines baufälligen Hauses wohnte, änderte er seine Meinung über mich kaum. Unsere Lage verschlechterte sich so, dass ich mir eine Stelle suchen und die Vorlesungen auf den Abend verlegen musste. Mein Bruder hatte das Studium schon unterbrochen und teilte mir mit, er habe eine Arbeit gefunden.

„Hoffentlich nicht als Plattenleger", sagte ich, als ich das Abendessen auf den Tisch stellte.

„Wohl kaum. Aber ich muss von zu Hause weg."

„Warum denn das?"

„Ich war in der Hafenstadt und habe dort eine Stelle gefunden. Ich habe alle notwendigen Unterlagen abgegeben, Fotos machen lassen und mich umgemeldet. Der Lohn wird an Mutter überwiesen. Du kannst ruhig weiter studieren. In einem Jahr bist du ja ohnehin fertig."

„Für mich ändert sich nicht viel, wenn ich keinen Abschluss habe. Mir macht es Spaß, auch während des Semesters tagsüber zu arbeiten. Du bist ein viel besserer Student als ich und hast doch nicht mehr lange bis zum Abschluss. Du sagst, du hast eine Stelle gefunden? Wo denn?"

„Im Zoo", sagte er kleinlaut. „Du kennst doch den Zoo am Hafen. Bis wir von dort wegzogen, waren wir oft dort. Sonst gab es ja wenig Ablenkung. Der Zoo ist weitläufig mit vielen Bäumen. Es gibt nicht so viele aufwendige Vergnügungseinrichtungen wie in ähnlichen Parks in Seoul, aber er liegt am Meer, und ein neuer Golfplatz wird angelegt."

„Ich war mit dir im Zoo? Daran erinnere ich mich nicht."

„Du warst zu klein. Ich war etwa vier. Die Arbeit ist leicht und angenehm. Abends kann ich spazieren gehen und Mundharmonika spielen."

„Trotzdem wäre es besser, wenn ich das Studium abbrechen würde."

Schließlich fuhr er doch in die Hafenstadt. Meiner Mutter sagte ich, er hätte bei der Stadtverwaltung eine Aushilfsstelle bekommen. Er sei ja Student und es sei bestimmt etwas Besseres. Sicherlich brauche er keine Bauarbeiten zu machen.

Danach war ich reizbar und stritt mich oft mit meinem Freund um Kleinigkeiten, an die ich mich nicht mehr erinnere.

„Diesmal ruf ich nicht mehr an", schrie er, indem er in die schlecht beleuchtete Gasse lief, wo sich eine Autowerkstatt befand. Im Fernsehen dort wurde gerade eine Schuhreklame gezeigt. Eine barfüßige Frau, die dabei ist, Schuhe anzuziehen. Dann läuft sie mit nackten Füßen durch die Nacht. „Ich will gar keine Prinzessin sein. Meine neuen Schuhe spüre ich kaum."

Als wir auf den Rädern in den Zoo kamen, war es so ruhig wie im tiefen Meer, nur die schrillen Zikaden und die Vögel im dichten Gebüsch durchbrachen die Stille. Unter den Bäumen saßen die Leute beim Picknick. Manchmal sah man Kinder auf Rädern. Sie tauchten aus irgendwelchen Waldwegen auf und verschwanden wieder.

„Sollen wir zuerst die Affen anschauen?", fragte mein Freund mit einem Blick auf die Hinweistafel.

„Zuerst die japanischen Affen, dann die Voliere mit den Wasservögeln, Rehe, Orang-Utans. Weiße Hasen und rosa Schweine. Schließlich die Seehunde und die Raubtiere. Sibirische Tiger, Löwen und Polarbären."

„Es gibt auch schwarze Wölfe", warf ich ein.

„Davon steht hier nichts."

Mein Freund machte sich zu den japanischen Affen auf. Einige uniformierte Arbeiter mit ins Gesicht gezogenen Mützen fuhren auf Motorrädern mit Anhängern vorbei, während die Kinder vor den Affenkäfigen lärmend ihren Spaß hatten. Wir fuhren in einiger Entfernung an dem Käfig vorbei. Mein Freund schien sagen zu wollen, dass er so etwas schon viel zu häufig gesehen habe, und es war auch wirklich zu heiß.

„Wollen wir noch ein Eis essen?"

Vor der Volière stiegen wir ab. Die Eisdiele war angenehm gekühlt und im Fernsehen lief der alte Film „Jaws". Die Leute schienen sich zu sagen, dass es besser sei, hier den Film zu sehen, als draußen in der Hitze Rad zu fahren. Die Kellnerin, die mir ein Eis und meinem Freund einen Kaffee brachte, hatte offensichtlich nichts dagegen. Schweigend wischte sie die Tische ab, brachte Eiswasser und ordnete die Papierservietten in den Ständern. Ich betrachtete ihren kurzen Haarschnitt und ihr allzu blasses Gesicht.

„Lass uns heute Abend an den Kai gehen", schlug er sich zu mir herüberlehnend vor. „Dort gibt es ein paar nette Cafés und ein Karussell. Einige Kneipen haben auch die ganze Nacht auf. Das ist viel amüsanter als hier im Zoo. Wenn wir ein Auto hätten, könnten wir an den Strand fahren. Das Meer ist dort sauber und es gibt Ferienhäuser. Im Winter ist der Ort als Thermalbad beliebt. Jetzt könnten wir schwimmen gehen."

Es waren nur noch wenige Gäste da, und die Kellnerin telefonierte. Sie spielte mit der Telefonschnur und schien ein längeres Gespräch zu führen. Inzwischen kamen neue Kunden, die Kuchen und Kekse kaufen wollten, und die Kellnerin legte auf. Der Film lief immer noch, und der Zoo draußen lag dort wie eine versunkene alte Stadt im sonnenbeschienenen Wald, wo die Stimmen der Tiere erhalten geblieben sind. Als ich mein Eis aufgegessen hatte, erkannte ich das Mädchen wieder.

„Ich gehe mal eben telefonieren. Eigentlich war ich mit meinen Freundinnen zum Schwimmen verabredet. Ich möchte ihnen Bescheid sagen."

Ich stand auf und ging auf das Mädchen am Tresen zu.

„Noch einen Kaffee, bitte."

Aus der Kanne der Kaffeemaschine goss sie eine Tasse ein, legte einen Keks dazu und überreichte sie mir. Wie damals waren ihre Fingernägel weiß und durchsichtig, und ihre Lippen waren rot geschminkt.

„Ich möchte gern wissen, wo mein Bruder ist."

Sie drehte sich um und schaute mich an.

„Wir haben seit sechs Monaten keine Nachricht von ihm. Ich glaube, er arbeitet hier."

Ich holte tief Luft und fuhr fort: „Es macht mir nichts aus, wenn er hier als Plattenleger arbeitet. Sag mir bitte, wo er ist, wenn du es weißt."

Sie schaute mich einfach ausdruckslos an. Nur die Schreie in dem Film füllten das Café. Das Mädchen am Tresen klopfte rhythmisch mit dem Fuß auf den Boden. Mir wurde heiß. Als ich mich nach einer Weile zum Gehen umwenden wollte, sagte sie: „Eine Tasse Kaffee. Das macht tausend Won."

Ich zahlte und ging an meinen Platz. Mein Freund pfiff das Leitmotiv des Films mit.

Ich musste an die schwarzen Wölfe denken. Ich konnte mich nicht genau daran erinnern, wann, aber fest stand, dass ich sie gesehen hatte, vielleicht in einem Magazin mit Farbfotos, wie man sie im Flugzeug in der Tasche des Vordersitzes findet. Jedenfalls an einem Ort, wo Temperatur und Luftfeuchtigkeit angenehm reguliert sind und die Lüftung gut funktioniert. Die Wölfe hatten ein raues Fell und drohende, wilde Augen. Sie wirkten hungrig.

Wir beschlossen, die Rundfahrt fortzusetzen. Die Menschen schlenderten über die kühlen Waldwege und blieben vor den Käfigen der Löwen und Tiger stehen. Auch wenn die Tiere im Schatten lagen und schliefen, betrachteten die Menschen sie interessiert. Andere Tiere gab es hier nicht. Ich behauptete, es müssten auch Wölfe da sein, aber mein Freund stellte fest, dass es keine weiteren Käfige gab.

„Schau doch, auf dem Weg zur Achterbahn ist nichts mehr. Auf der Hinweistafel am Eingang haben wir das doch auch gesehen. Die Polarbären befinden sich am Ende. Sie bilden den Abschluss der Gehege."

Er stieg vom Fahrrad ab, um eine Zigarette zu rauchen. Er tat so, als sei alles in Ordnung, wenn wir uns ein wenig auf einer Bank ausruhten, um dann mit der Achterbahn zu fahren.

„Aber ich habe die Wölfe doch hier gesehen."

„Spinnst du?"

Er öffnete die Marlboro-Schachtel, blieb stehen und schaute mich an.

„Du kennst dich hier doch gar nicht aus. Hast du nicht gesagt, du bist zum ersten Mal hier, seit ihr fortgezogen seid? Woher willst du es also wissen?"

„Keine Ahnung."

Ich wusste es wirklich nicht. Trotzdem bildete ich mir ein, die Wölfe gesehen zu haben. Ich sagte ihm, meiner Meinung nach müsste sich der Käfig mit den Wölfen ganz oben befinden. Mehr könnte ich dazu auch nicht sagen.

„Du meinst, wir sollten bei dieser Hitze jetzt noch weiter hinauffahren?", fragte er.

Auch mir klebte das Hemd am Leib, und es war unerträglich heiß.

„Es ist nicht weit von hier", sagte ich einlenkend. Ich stieg also wieder auf mein Rad. Bevor er mir folgte, warf er mir einen Blick zu, als fände er mich unmöglich. Es gab wirklich keine weiteren Käfige, das heißt der Weg, der zu ihnen hinaufführte, war verschwunden. Bei einem Unwetter hatte ein Erdrutsch den Weg verschüttet, den man nur noch vage erkennen konnte. An dieser Weggabelung standen Kaffeeautomaten, und gegenüber führte ein Weg zur Achterbahn. Vom Meer wehte ein salziger Wind herüber.

„Irgendwie ist es doch komisch", meinte er.

„Hier war mal ein Weg."

„Aber das besagt nicht, dass es hier auch Wölfe gegeben hat."

Wir standen eine Weile herum. Aus der Voliere klang das laute Geschnatter der Wasservögel herüber und aus der Ferne das gedämpfte Motorengeräusch der Autos. Der Wind rauschte im tiefgrünen Laub und wehte unsichtbar über die Waldwege hinweg. Von der Trinkwasserquelle hörte man das Wasser fließen, aber vom Heulen der Wölfe keine Spur. Eine Kinderschar auf einem Ausflug kam an uns vorbei, um zur Achterbahn hinunterzugehen. Es war eine Kindergartengruppe in gleichen T-Shirts und kurzen Hosen. Die Kinder entfernten sich, während ihre Luftballons und farbige Zuckerwatte dunkle Schatten auf den Asphalt warfen. Ich trat langsam in die Pedale. Eine schläfrige Mattigkeit legte sich über die Waldwege.

„Ich will mit der Achterbahn fahren", erklärte ich.

„Es ist schon Abend", erwiderte er.

„Die haben auch abends auf."

„Dann ist es bestimmt toll."

Es wurde auch wirklich ein phantastischer Abend. Anders als im Zoo drängten die Menschen jetzt zur Achterbahn und den Karussells. Kinder bildeten eine lange Schlange vor dem Würstchenstand. Vom höchsten Punkt der Achterbahn konnte ich die glitzernden Lichter am Hafen sehen. Einen Moment lang ließ mich der Gedanke an die schwarzen Wölfe los. Mein Freund war umringt von einer Schar von Kindergartenkindern und trank eine Coca-Cola.

„Sind sie nicht süß, die Kinder? Alle gesund und munter. Aber schau mal, die Kleine. Sie hat wohl ihre Mutter verloren", rief er mir zu.

Ein kleines Mädchen mit einem Eis in der Hand stand tatsächlich weinend neben einer grünen Abfalltonne. Sonst störte nichts das Bild der allgemeinen Zufriedenheit.

Ich hatte Lust auf einen Kaffee und sagte: „Lass uns zum Hafen gehen."

„Gut, aber vorher möchte ich die Mutter der Kleinen finden."

„Pass auf, dass man dich nicht für einen Entführer oder Kinderschänder hält."

„Du spinnst ja!"

„Stell dir vor, du nimmst sie mit und sie stolpert auf der Treppe und fällt hin. Du hast nicht richtig auf sie aufgepasst. Was meinst du, was passiert? Oder das Kind stürzt im Gedränge, niemand merkt es und die Kleine stirbt."

Am stark nach Bäumen duftenden Waldweg standen Schaukeln aus grünen Reifen, auf denen Leute saßen und ihr Abendessen verspeisten. Ein uniformierter Zooangestellter kam den Weg entlang. Da er die Mütze ins Gesicht gezogen hatte und die Laternen nur ein schwaches Licht verströmten, konnte man ihn nicht erkennen.

„Hallo, kann ich Sie was fragen?", rief ich ihm von der Schaukel aus zu. Er blieb stehen und schaute zu mir herüber.

„Wir suchen den Käfig mit den Wölfen."

„Wölfe?"

„Ja. Wissen Sie nicht, wo die Wölfe geblieben sind?"

„Nein", sagte er kurz angebunden. „In diesem Zoo gibt es keine Wölfe. Haben Sie nicht die Hinweistafel am Eingang gesehen? Da finden Sie alle Tiere in unserm Zoo."

„Du bist nicht zu retten. Was stellst du für blöde Fragen", meinte mein Begleiter missmutig, als ich zurückkam.

„Ich komme einfach nicht darüber weg, dass es hier Wölfe geben muss."

„Quatsch", erwiderte er und klopfte mit den Fingern auf den Reifen herum. „Du hast zu viele Disney-Filme gesehen. Deshalb glaubst du, irgendwie müssten Wölfe auftauchen."

Auf der Terrasse eines Cafés am Hafen sah ich das Mädchen wieder. Es war schon recht spät, und das Vergnügungsviertel dort war weniger belebt als das am Zoo. Der Strand war mit Bierflaschen, Aluminiumdosen und Stanioltellern mit Wurstresten verschmutzt. Die Lokale verkauften ihren Kaffee mit Whisky und Rum vermischt zu horrenden Preisen. Ich rührte die Milch in meiner Kaffeetasse um und schaute auf das dunkle Meer hinaus. Die Schritte der Rein- und Rausgehenden waren auf der Holzdiele zu hören. Das Mädchen war mit gleichaltrigen jungen Männern zusammen. Ihre blassen Wangen waren rot geschminkt und ihre kurzen Haare hatte sie mit einer auffallenden glänzenden Klammer zusammengesteckt. Das Haar fiel ihr in die bleiche Stirn und zu ausgefransten Jeans trug sie ein weißes FILA-Hemd. Alle Männer in ihrer Begleitung trugen Jeans und einer eine dunkle Sonnenbrille. Ich hatte den Eindruck, dass sie unterwegs waren, von irgendwoher irgendwohin. Sie kamen direkt auf die Terrasse, wo ich saß. Der Sand auf dem Fußboden glänzte golden.

Ich hatte meinen Bruder nur einige Male mit dem Mädchen gesehen. Als ich ihn einmal nach ihr fragte, sagte er nur, es sei aus. Zu Anfang hatte sie blass und zerbrechlich ausgesehen. Lachend oder munter plaudernd konnte ich sie mir nicht vorstellen. Ich sah sie eher mit einem durchsichtigen Frühlingsschal in einem von seidigem Morgenlicht durchfluteten Raum am Klavier sitzen.

„Sie studiert tatsächlich Klavier", bestätigte mein Bruder meinen Eindruck.

„Sie macht bald ihr Examen. Wegen Krankheit musste sie zwei Jahre aussetzen. Sie glaubt, sie habe anderen gegenüber zu viel Zeit verloren. Im Abschlusskonzert will sie Grieg spielen."

Wenn ich ihr auf dem Campus oder im Aufenthaltsraum der Studentinnen begegnete, war sie fast immer allein. Ob sie in männlicher Begleitung war, kann ich nicht sagen. Aber wenn ich mich umsah, gehörte sie nicht zu den Mädchen, die mit Waffeltüten in der Hand lustig aufeinander einredeten oder, von einem Schauer überrascht, mit ihren Freundinnen unter hellblauen Plastikschirmen über die Pfützen sprangen, damit ihre Schuhe nicht nass wurden. Nach dem Konzert hatte sie die Universität verlassen, und was danach aus ihr wurde, weiß ich nicht. Mein Bruder hatte Arbeit in der Hafenstadt gefunden und ich konnte weiter studieren. Meine Mutter arbeitete in der Fabrik. Mein Vater war bis zu seinem Tod Plattenleger. Ich aber hatte einen Freund, der mich an den Feiertagen in die Hafenstadt begleitete und konnte in dem weitläufigen Zoo auf Waldwegen Rad fahren, während die Vögel sangen und der Wind vom Meer herüberwehte.

Ich saß gedankenverloren da und ließ das lebhafte Gespräch an den Nachbartischen an mir vorbeirauschen.

„Komm, trink ein Bier. Das muntert dich auf. Lehn dich bei mir an. Du brauchst doch nicht traurig zu sein."

„Ich döse nur vor mich hin. Ich habe keine Lust, munter zu sein", sagte ich nach einer Zigarette und einem Dosenbier. „Siehst du die Gruppe da am Tisch an der Wand? Das Mädchen und die Jungen in Jeans?"

„Die haben sich ganz schön aufgestylt. Vielleicht sind die mit Motorrädern unterwegs."

„Ich kenne sie. Ich geh mich einen Moment mit ihnen unterhalten."

„Wie du willst."

„Langweilst du dich auch nicht?"

„Mach dir keine Sorgen um mich. Ich gehe inzwischen spazieren, bis zum Ende des Strands vielleicht."

„Du willst wissen, wo dein Bruder ist?", fragte das Mädchen kaum überrascht. „Woher soll ich das wissen? Ich arbeite doch bloß hier. Du hast mich vorhin ja gesehen. Ich verkaufe Getränke und Snacks. Der Job ist o.k., ich kann nicht klagen. Na ja, gar keine wäre gelogen, aber der Job ist fast perfekt. Mir geht's gut."

„Aber noch was. Ich wüßte gern etwas über die Wölfe."

„Wieso denn Wölfe?"

„Weißt du irgendwas über Wölfe?"

Sie tat, als überlegte sie, und schaute nachdenklich auf ihre Zigarette. Dann schaute sie mich an, als verriete sie ein Geheimnis, und sagte: „Wölfe sind Nachttiere. Sie sind gefährlich."

Dann wandte sie den Blick wieder ihrer Zigarette zu.

„Mehr fällt mir dazu nicht ein."

Die Jungen hatten schweigend ihren Kaffee mit Rum getrunken. Sie schienen unser Gespräch mitbekommen, aber keinerlei Interesse daran zu haben.

„Das sind meine Freunde. Alles nette Jungs. Ich habe sie hier kennen gelernt."

Sie gaben mir die Hand. Der mit der Sonnenbrille hatte eine Teilzeitarbeit im Zoo, ein anderer war dort fest angestellt. Ersterer wollte Tierarzt werden und weiter im Zoo arbeiten.

„Ein Zoo ist interessant", sagte der künftige Tierarzt. „Hier möchte ich mein Leben verbringen."

„Zum Tierarzt wird es nicht reichen", warf ein anderer ein. „Du hast doch schon die Oberschule abgebrochen. Mach dir doch nichts vor!"

„Schau dich doch selbst an!"

„Ich will ja auch nicht Tierarzt werden."

„Hör nicht hin, was sie sagen", warf das Mädchen ein. „Reden wir von etwas anderem. Lass die Jungen nur weiter quatschen. Wie hat dir der Zoo gefallen?"

„Ich fand ihn schön groß und ruhig. Nur die Wasservögel und die Zikaden machten Krach. Es kommt mir so vor, als wäre ich schon mal hier gewesen."

„Ach ja?"

„Irgendetwas scheint zu fehlen."

Das Mädchen zündete sich eine neue Zigarette an und schaute wieder gleichgültig darauf.

„Und was sollte das sein?"

„Schwarze Wölfe."

„Schwarze Wölfe, sagst du?"

„Genau, schwarze Wölfe. Ein ganzes Rudel muss es gegeben haben. Sie waren groß und sahen gefährlich und hungrig aus."

Ohne an der Zigarette gezogen zu haben, drückte sie sie im Aschenbecher aus.

„Im Zoo lassen sie keine Tiere hungern", protestierte der ehemalige Oberschüler, der Tierarzt werden wollte. „Außerdem gibt es hier im Zoo überhaupt keine Wölfe."

Das Mädchen rieb mit der Hand seine rot geschminkte Wange.

„Wie kommst du bloß auf die Idee?"

„Ich weiß nicht. Mein Bruder hat mir erzählt, dass wir hierher gekommen sind, als ich noch ein Baby war. Das war wohl in einem anderen Zusammenhang, aber er muss Wölfe erwähnt haben. Genau kann ich mich nicht erinnern."

„Es ist stickig hier. Der Zug von der Klimaanlage bekommt mir nicht", sagte das Mädchen mit einem leisen Lachen. „Wollen wir hier am Meer nicht etwas spazieren gehen?", schlug sie vor. „Mein Zimmer ist hier ganz in der Nähe. Es ist klein, aber die Aussicht aufs Meer ist schön. Ich kann zu Fuß zum Zoo gehen."

Wir gingen also hinaus. Ich hatte für meinen Freund einen Zettel hinterlassen, er solle auf mich warten, ich ginge mit dem Mädchen zum Strand. Obgleich es schon sehr spät war, gab es immer noch Menschen. Ich trat gegen die im Sand liegenden Bierdosen.

„Da drüben wohne ich."

Sie deutete auf das Ende einer Reihe stattlicher Häuser mit Blick aufs Meer. Diese Ferienhäuser reicher Leute, die sie sicher nicht vermieteten, hatten verglaste Räume, in denen überall das Licht brannte.

„Ich hatte Glück. Das Haus gehört einem Bekannten, der fast das ganze Jahr über in Seoul bleibt. Nur im Winter in der Nachsaison kommt er ein paar Wochen her. Das Meer ist hier sehr schmutzig, denn gleich nebenan liegen die Luxushotels mit den vielen Menschen und der Hafen, den die großen Schiffe anlaufen. Darum kommt er nicht gern her. Mein Zimmer ist klein, geht aber zum Meer raus. Der Hauswirt hat es anfangs für seine kleine Tochter als Musikraum eingerichtet. In Seoul hast du vielleicht im Fernsehen Taifune und Flutwellen gesehen. Das habe ich direkt vor meinem Fenster. Ich mag es, wenn es stürmt."

„Ich würde Angst haben."

„Gruselt es dich manchmal? Ich fürchte mich, wenn ich allein in einem großen Haus bin, besonders nachts. Vor dem in weiße Tücher gehüllten Klavier und dem Sofa und dem lauten Ticken der Pendeluhr. Vor dem Knarren des alten Holzbodens und dem schrillen Läuten des Telefons mitten in der Nacht, das aufhört, bevor ich abhebe. Vor dem düsteren Himmel an Regentagen, vor den riesigen Glasfenstern, durch die Blitze zucken. Einmal bin ich in der Nacht aufgewacht. Ich sann noch über den Grund nach, als ich unten jemanden Klavier spielen hörte. Ich war erschrocken und bekam es mit der Angst zu tun. Das Klavierspiel dauerte bis zum Morgengrauen. Hinunterzugehen traute ich mich nicht. Ich wollte schon den Notruf wählen, als es plötzlich aufhörte. Den Vorfall konnte ich mir nicht erklären. Es gab keine Spur, dass eingebrochen wurde. Vielleicht habe ich das nur geträumt. Manchmal schreien herrenlose Katzen die ganze Nacht im Garten."

Ich erwiderte nichts darauf, denn ich war gerade zu dem Entschluss gekommen, nach diesen Feiertagen mit meinem Freund Schluss zu machen. Wir streiten uns um die geringfügigsten Kleinigkeiten, und bevor wir einander restlos leid sind, kommt er mit einer Rose oder wir treffen uns, nachdem ich ihn angerufen habe, als sei nichts gewesen. Es ist nicht so, dass wir ohne einander nicht leben könnten oder uns auch nur vermissen. Auch wenn die Art, wie dieser ganz gewöhnliche Angestellte im Vertrieb einer Schuhfabrik, der zum Schuhdesigner aufsteigen möchte, mich anblickt, mich nicht ganz kalt lässt...

„Tatsächlich hat es im Zoo ein Wolfsgehege gegeben", wechselte sie plötzlich das Thema. „Sie hatten ganz schwarze, hungrige Augen. Sie hätten einen angesprungen, wenn man ihnen zu nahe gekommen wäre. Selbst die Wärter und der Tierarzt hatten Angst vor ihnen. Man konnte sich nicht mit ihnen anfreunden, sie ließen sich nicht zähmen. Es waren vier Wölfe."

Ich hörte ihr gespannt zu.

„Aber jetzt sind sie fort. Es passierte ganz plötzlich und die Leute haben sich schnell daran gewöhnt. Das war im letzten Frühjahr, als es so viel geregnet hat. Es ging das Gerücht um, dass jemand das Tor aufgesperrt hat oder dass es versehentlich passiert ist, als ein Wärter in der Nässe ausrutschte. Aber jetzt kümmert das keinen mehr. Die Wölfe sind fort und alle haben sie vergessen."

„Du meinst, sie sind weggelaufen und man hat sie nicht wiedergefunden."

„Genau."

„Das ist merkwürdig. Warum wissen die Leute nichts davon? Man muss doch etwas unternommen haben. Es wurde sicher eine Suchaktion gestartet."

„Das ja", bestätigte sie leise. „Soldaten wurden mobilisiert und haben die Wälder um die Stadt und im Zoo durchkämmt. Das Zoogelände ist ja sehr weitläufig."

„Dann hat man sie also gefunden?"

„Nein."

„Merkwürdig, dass die Zeitungen und das Fernsehen nicht darüber berichtet haben."

„Die Zeitungen bringen auch nicht immer alles", warf sie ein.

„Ich dachte, mein Bruder arbeitet dort."

„Warum meinst du das?"

„Weil er es mir vor seiner Abreise erzählt hat. Anfangs hat er auch öfter angerufen. Meine Mutter macht sich Sorgen, weil er nichts von sich hören lässt."

„Ich habe nur gehört, dass er das Studium aufgegeben und eine Arbeit gefunden hat."

„Das stimmt. Damals musste unsere Mutter nämlich ins Krankenhaus.

Einer von uns musste das Studium aufgeben. Ich war wirklich dazu bereit. Ich hätte auch Abendvorlesungen belegen können und tagsüber arbeiten, dann wäre es auch gegangen. Da erzählte er mir von der guten Bezahlung für einen Job. Ich habe gestaunt, denn es war mehr, als ich jemals nach dem Studium in einer Anwaltsfirma bekommen würde. Sein Gehalt kommt weiter. Er sagte, er hätte eine Stelle im Zoo."

„Zuerst glaubten alle, es handele sich um einen Irrtum, weil es so geschüttet hatte. Es war ein richtiges Unwetter. Es gab kaum Leute und ich schaute gelangweilt zur Voliere der Wasservögel hinüber. Die Sicht war nicht gut. Im dichten Nebel kam jemand gelaufen. Der völlig durchnässte Mann war kein Angestellter, sondern ein Besucher, der den Zoo im Regen sehen wollte. Als er näher kam, bemerkte ich, dass er hinkte und an der Hand blutete. Ich dachte, er hätte vielleicht die Hand in einen Käfig gesteckt oder sei hingefallen. Aber das allein war's nicht. Er berichtete, beim Käfig der japanischen Affen sei etwas nicht in Ordnung. Die aufgebrachten Affen hätten ihn angegriffen, als er ihnen zu fressen geben wollte. Außerdem sei das Käfigtor offen gewesen. Ich dachte aber, er hätte sich das nur eingebildet, weil er wegen der Verletzung verwirrt war. Auf jeden Fall rief ich bei der Verwaltung an und hielt die Sache damit für erledigt. Leute auf Motorrädern fuhren hinaus, aber als sie bei den Affen ankamen, hatte sich die Lage schon normalisiert. Die Affen saßen friedlich in ihrem Haus und fraßen Bananen. Bei solchem Platzregen könne schon mal etwas Merkwürdiges passieren, und dabei blieb es dann."

Erst am nächsten Vormittag, als der Regen längst aufgehört hatte, habe sie erfahren, dass es nicht bei den japanischen Affen, sondern beim Käfig der Wölfe Probleme gegeben hatte.

„Niemand weiß, wie es dazu gekommen ist", fuhr sie schleppend fort. „Die Wölfe waren einfach verschwunden. Die zu ihrem Käfig führende Treppe war vom Regen eingestürzt und abgerutscht. In der Nähe des Käfigs wurden Wolfsspuren gefunden. Schrecklich aber war, dass vor dem Käfig ein Toter lag."

„Ach!", stieß ich nur hervor.

„Er war während des Unwetters umgekommen, als es die Unruhe im Affenkäfig gab."

„Wer war der Tote?"

„Irgendein Arbeiter", antwortete sie achselzuckend. „Ein Plattenleger, der für den Zoo arbeitete."

„Hatte niemand seine Abwesenheit bemerkt?"

„Der Unfall passierte an dem Tag, als die Plattenleger die zum Wolfskäfig führende Treppe reparieren sollten. Sie war lang und steil. Viele Platten waren seit langem beschädigt. Aber Wölfe sind keine so große Attraktion. Und dies ist ja kein großer Zoo. Da fehlt das Geld. In den großen Zoos ziehen Hyänen und amerikanische Pumas die Leute an. Wölfe sehen Hunden zu ähnlich. Darum kommt man nicht extra her, um sie anzuschauen. Jedenfalls regnete es zu stark, als die Treppe repariert werden sollte. Es war wie zur Regenzeit. Deshalb wurden die Arbeiten verschoben, und die Plattenleger tranken heißen Kaffe im Aufenthaltsraum, wo sie im Fernsehen ein Basketballspiel sahen. Der Tote hatte vielleicht nichts vom Aufschub der Reparaturen gehört und sich womöglich allein aufgemacht. Die anderen dachten sicher, er sei nach Hause gegangen, und machten sich keine Sorgen um ihn."

„Und wie ging es dann weiter, nachdem die Wölfe verschwunden waren und es einen Toten geben hatte?"

„Das habe ich doch schon gesagt. Es blieb dabei. Das war das Ende. Die Leute haben den Vorfall längst vergessen."

„Die Wölfe sind nicht mehr aufgetaucht?"

„Nein. Aber wir haben alle mitgeholfen sie zu finden. Ich sagte es ja schon. Alle waren beteiligt. Die Bewohner der Hafenstadt wurden aufgefordert, das Erscheinen der Wölfe zu melden. ‚Gesucht werden schwarze Wölfe mit scharfen, hungrigen Augen. In Mondnächten heulen sie', usw. Aber sie wurden nicht gefunden. Niemand fand eine Spur."

„Wölfe sehen Hunden ja ähnlich."

„Stimmt", nickte sie, „sehr ähnlich sogar."

„Wir sollten jetzt gehen. Deine Freunde warten auf dich."

„Übrigens..."

Das Mädchen fasste mich mit ihren langen weißen Fingern, mit denen sie Grieg gespielt hatte, am Arm.

„Du bist doch wegen deines Bruders hergekommen. Hast du etwas herausgefunden?"

„Nein, nichts Neues", sagte ich kopfschüttelnd. „Er hat wohl doch nicht im Zoo gearbeitet. Ich habe hier nichts in Erfahrung bringen können."

Als wir zu dem Terrassencafé zurückkamen, war es schon fast Mitternacht. Die Leute waren alle gegangen, aber im dunklen Innenraum saß mein Freund noch bei einem Heineken. Die Kellner schalteten das Licht über dem Eingang aus und ließen die Jalousien an den Fenstern herunter. Die Musik war abgestellt.

„Du bist wirklich rücksichtslos, das weißt du hoffentlich", beklagte er sich. „Mir wird es allmählich zu bunt. Schleppst mich hierher in diese dreckige Hafenstadt mit den Menschenmassen und in den Zoo, wo es nur ein paar japanische Affen und banale Wasservögel gibt und redest mir die Ohren voll von irgendwelchen Wölfen, die du nicht vergessen kannst! Das reicht mir!"

„Na schön, und ich ruf dich auch nicht mehr an", gab ich zurück. Die Tür des Cafés stand offen, und jetzt brauchten wir nur noch hinauszugehen, dann würde es aus sein zwischen uns.

„Ich finde dich schon lange unerträglich", fügte er noch hinzu.

„Du bist auch nicht gerade der Typ, bei dem man sich wohl fühlt. Weißt du eigentlich, wie sehr du mir auf die Nerven gehst? Ein Mann sollte nicht so empfindlich sein!"

Danach gingen wir gemeinsam zum Bahnhof. Je weiter wir uns vom Meer entfernten, desto mehr verebbten die Geräusche, der Lärm von Menschen und Autos, das ewige kraftvolle und doch so monotone Konzert der Wellen und auch die oberflächliche Popmusik aus dem Café. Die Straßen waren menschenleer, nur unsere Schritte hallten an der sich lang hinziehenden Reihe von herabgelassenen Rollläden. Autos fuhren mit höchster Geschwindigkeit an uns vorbei, und es kam mir vor, als heulten irgendwo Wölfe. Im Zug trank mein Freund eine Cola und öffnete das Fenster, um den Nachtwind hereinzulassen. Die niedrigen Häuser an der Bahnstrecke schmiegten sich wie ängstliche Tiere an das Terrain und nur die Insekten zirpten vernehmlich.

Danach hatte ich keine Gelegenheit mehr, die Hafenstadt zu besuchen.

Mutter arbeitete weiter in der Fabrik und mein Bruder überwies mir monatlich Geld. Es war eine stattliche Summe, die mir gut über die Runden half. Kurz vor dem Studienabschluss fand ich eine Stelle in einem Anwaltsbüro. Die Klienten waren vornehmlich Geschäftsleute in der Import-Export-Branche, und einige Bosse verbrachten ihren Urlaub auf den Malediven oder in Waikiki. Sie hatten keine Ahnung davon, dass es in der Hafenstadt einen Zoo mit japanischen Affen gab. Am Wochenende las ich Modezeitschriften, schaute mir Videofilme an oder lag nur faul auf dem Bett und hörte Musik. Wenn mir das gelegentlich zu langweilig wurde, ging ich raus, um einen Kaffee zu trinken. Es kam auch vor, dass ich mich wieder mit meinem Freund verabredete.

„Wie gefällt dir die Arbeit in der schicken Umgebung?", begann er meistens das Gespräch.

„Es ist auszuhalten. Das Gehalt ist nicht toll."

„Ich habe die Abteilung gewechselt. Die Arbeit ist leichter."

„Wo arbeitest du denn jetzt?"

„In der Fabrik in Kuro. Da ist die Bezahlung besser."

„Aber wird es da nicht schwieriger mit dem Abendstudium?"

Er löffelte seinen Kaffee mit Rum aus der Tasse.

„Ich habe nur das letzte Semester noch zu Ende gemacht. Jetzt studiere ich nicht mehr."

„Warum nicht?"

„Aus verschiedenen Gründen. Vor allem, weil es mit Schuhdesign nichts zu tun hatte."

Die Firma, bei der er arbeitete, hatte in einer Fernsehwerbung mehrere Modelle vorgestellt. Eine Frau, die nachts barfuß durch eine Gasse läuft. Schuhe auf dem Bürgersteig, die sie anziehen will. Die mit Platten ausgelegte Treppe zum Gehege der schwarzen Wölfe.

„Hast du vor, im Winter Urlaub zu machen?", fragte er.

„Eigentlich nicht", antwortete ich, während ich meine Tasse zum Mund führte. „Aber jetzt überlege ich es mir vielleicht noch mal."

„Wieso?"

„Jemand will mit mir in Urlaub fahren."

„Ein Mann?"

„Hm."

„Wohin soll's denn gehen?"

„Nach Australien."

Auf dem Weg zum Büro meines Vorgesetzten, für den ich Kopien gemacht hatte, sprach mich der Boss an. Er schwärmte von Australien. Beim Essen konnte ich ohne viel Trubel einen netten Abend mit ihm verbringen. Ich hatte nur in Gedanken an meinen Freund gelebt, der Schuhe machte, der im Büro eifrig Berechnungen anstellte, wie viele Schuhe verkauft worden waren, der eigentlich Schuhe entwerfen wollte, aber der nicht einmal sein Studium abgeschlossen hatte. Was waren schon Schuhe! Nichts. Und darum gab es auch nichts, weswegen ich mich noch weiter mit ihm abgeben sollte. Auf dem Tisch lag ein Notizblock des Cafés. Ich kritzelte ein paar Zeilen darauf:

Lieber Bruder, ich habe einen Job gefunden, bei einer großen Anwaltsfirma, wie du es mir gewünscht hast. Die Firma heißt KIM & CHANG. Mutter geht es wieder besser und sie braucht keine Behandlung mehr. Du könntest jetzt zurückkommen und dein Studium wieder aufnehmen. Die Dinge haben sich geklärt. Wir haben alle Glück gehabt.

Mehr fiel mir nicht ein und ich schaute auf das Blatt. Mein Freund erkundigte sich nach meinem Bruder: „Dein Bruder hat sich noch nicht wieder eingeschrieben?"

„Nein, er will weiter arbeiten."

„Wo ist er, sagtest du?"

Er schien zu überlegen.

„Ach ja, er arbeitete in der Hafenstadt im Zoo."

„Ja."

„Da waren wir doch letzten Sommer. Rad gefahren sind wir."

„Richtig. Da war das."

„Hast du deinen Bruder inzwischen getroffen?"

„Nein, ich habe ihn nicht gesehen. Darum schreibe ich ihm diese Zeilen.

Jetzt braucht er nicht mehr so hart zu arbeiten. Aber ich weiß seine Adresse nicht."

„Es genügt vielleicht, den Brief an den Zoo zu schicken."

„Ach ja."

„Dort soll er doch arbeiten."

Ich faltete den Zettel zusammen, steckte ihn ein und trank von dem Kaffee. Der war inzwischen kalt geworden, so dass ich nur daran nippte.

„Fährst du hin?", fragte er. Wir gingen schon auf der Straße auf die Bushaltestelle zu. Es war etwas kalt, und die Schaufensterpuppen des Kaufhauses trugen bereits Pullover.

„Wohin?"

„Nach Australien."

„Ich weiß nicht. Kann sein."

„Wenn du wirklich hinfährst, musst du mir davon erzählen", sagte er an der Haltestelle vor dem Kaufhaus noch.

„Wovon?"

„Na, wie's dort war. Ich war noch nie dort." Sein Rücken schien mit der Schaufensterscheibe zu verschmelzen. „Vielleicht komme ich auch niemals hin."

Mit den schwarzen Wölfen verhielt es sich vielleicht wie mit einer Tasse schwarzem Kaffee, in dem noch die Milch fehlt, damit das Aroma zur Geltung kommt. Es war eine der Geschichten, über die morgens in der mit einer Tasse Kaffee am Bett servierten Zeitung nichts stand. Ich rief meinen Freund noch ein paar Mal an, erreichte ihn aber nie. Erst später erfuhr ich, dass er nach seiner Versetzung in die Fabrik in Kuro auch dorthin umgezogen war. Mit dem Wechsel der Jahreszeiten wollte ich einige Sachen in die Reinigung bringen, wobei ich in einer Jackentasche den Brief an meinen Bruder fand, den ich im Spätherbst in Gegenwart meines Freundes geschrieben hatte.

Wir haben alle Glück gehabt, hatte ich ihm geschrieben. Das klang sehr schön. Wie ein Regenschleier im Zoo an einem Hochsommertag. Wie von unten herauftönendes Klavierspiel oder schwarze Wölfe mitten in der Nacht. Doch mit ihnen war es etwas anderes. In der Welt gibt es ein paar schwarze Löcher, und die Welt, die mit den mir seit meiner Kindheit vertrauten Dingen gefüllt war, ist in ein solches Loch hineingerutscht, so dass sie unbegreiflich geworden sind. Obgleich das Aussehen der Menschen oder der Schaufensterpuppen oder das heiße Sonnenlicht sich gar nicht verändern, kommt das, was damit geschieht und wie man das auffasst, einem völlig anders vor. Die Innen- und die Außenseite eines Hutes sind verschieden. Das verschwundene Rudel schwarzer Wölfe, der in der Zeitung nicht erwähnte Todesfall entzogen sich meiner Kenntnis. Wäre der Tote ein Mafiaboss oder eine schöne Filmschauspielerin gewesen, hätte der Fall anders gelegen. Niemand aber erwähnte den Plattenleger. Bei einer Schuhreklame verhält es sich auch so. Die Herstellung der Schuhe und die Werbung für das neue Modell sind wie die Innen- und Außenseite eines Hutes. Ab und zu spüre ich plötzlich, dass die immer gleich aussehende Welt um mich herum fremd und unvertraut ist.

Manchmal hielt ich Dinge, die mir geschahen, auch bloß für einen Traum.

Ein regennasser Pfad eines Elendsviertels. Ein enger, schmutziger Parkplatz und kaputte Laternen. Herumlungernde Halbwüchsige in billigen Lederjacken. Der Lärm eines vorbeifahrenden Zuges. Das Zerbersten von Flaschen, die auf das Pflaster fallen. Ein barfüßiges Mädchen kommt angelaufen. Ihr Gesicht ist nicht zu sehen. Neben einer Pfütze steht ein Paar Schuhe, nagelneue Stöckelschuhe mit einer goldenen Schnalle am Knöchel, die ganz frisch aus dem Schaufenster zu kommen scheinen. Das Mädchen bückt sich und zieht sie an. Plötzlich verschwindet alles in einem hellen Aufleuchten, das Mädchen auch. Nur die Schuhe nach der letzten Mode sind noch auf dem Bildschirm zu sehen. Das war eine Schuhreklame, die ich im Fernsehen gesehen hatte. Ob mein Freund diese Schuhe entworfen hatte? In der Werkstatt an der Straße arbeiteten die Autoschlosser, während der Fernseher lief. Sie warfen einen Blick auf die barfüßigen Beine des Mädchens. In keiner Zeitung erschien etwas über die verschwundenen schwarzen Wölfe und auch nicht über den Plattenleger. Den Brief an meinen Bruder hatte ich nicht abgeschickt. Ich hatte den Zettel zerrissen und in den Papierkorb geworfen. Es sah ohnehin danach aus, dass mein Bruder nicht zurückkommen wollte. Einmal wäre ich beinahe zu der Fabrik gegangen, um meinem Freund von Australien zu erzählen, zu der Schuhfabrik, wo aus dem armen Tieren abgezogenen Fell, zu Leder gegerbt und gefärbt, Schuhe gemacht wurden. In der schwach erleuchteten Kantine der Fabrik, wo die Leute in dunklen Arbeitsanzügen und Schuhen mit Gummisohlen zu Mittag essen, könnte ich mit meinem Freund zusammensitzen und ihm von der großen Viktoriawüste erzählen.

Yun Songhi

Gedenktage im Terminkalender

Vom Geräusch der Wasserspülung werde ich wach. Ich öffne die Augen und schiebe den Arm von den Augen über die Stirn. Mein Körper fühlt sich irgendwie verspannt an. Eigentlich liegt meine Wohnung im Souterrain, aber mein Zimmer hat kein Fenster. Da die ansteigende Straße die Rückseite des Hauses verdeckt, ist es eher ein richtiges Kellerzimmer, Bad und Küche aber befinden sich im Souterrain. Wenn ich zwischen dem Bad und meinem Zimmer hin und her gehe, habe ich das Gefühl, dass ein Stockwerk dazwischen liegt, ohne dass es eine Treppe gäbe. Das stört meinen Gleichgewichtssinn, und selbst wenn ich ruhig stehe, neigt sich mein Körper zu einer Seite. Das Wassergeräusch hört nicht auf. Die Frau über mir hat das Haus wohl noch nicht verlassen. Gestern Abend kam sie mit einem Schlüssel, den sie um den Finger kreisen ließ. „Die Wirtin hat mir vor ihrer Abreise diesen Schlüssel überlassen. Können Sie ihn vielleicht behalten? Meine Schwiegermutter ist hingefallen und hat sich das Bein verletzt. Ich soll kommen." Auch das junge Paar nebenan ist verreist, um an einer Familienhochzeit teilzunehmen. Da ich also ganz allein im Haus sein würde, blieb mir nicht anderes übrig. Ich solle nach Einbruch der Dunkelheit den Fernseher und das Licht in der Wohnung der Wirtin einschalten, mahnte sie mich und übergab mir den Schlüssel. Im Bad hocke ich mich hin und uriniere. Ich trage keine Schlappen und Urin spritzt an meine Füße, die warm werden. Ich schaue zur Toilette hinauf. Rechts an der Wand führen sechs Stufen hinauf und da oben befindet sich die Toilette. Aus sanitären Gründen. Sonst würde das Wasser der Spülung nicht abfließen. Trotzdem funktioniert es nicht richtig. Wenn im Erdgeschoss oder im ersten Stock viel Wasser verbraucht wird, kommt das Wasser im Waschbecken oder im Klo wieder hoch.

Ich schalte den Computer an und stelle fest, wie viele Leute ich heute an Gedenktage erinnern muss. Es sind zwei. Nr. 3-32 hat seinen Hochzeitstag; Nr. 1-8 darf den Geburtstag des Schwagers nicht vergessen. Nachdem ich in der persönlichen Datei von 3-32 nachgeschaut habe, schicke ich eine schriftliche Handy-Nachricht: „Heute ist Ihr Hochzeitstag. Viel Vergnügen!" Je dem Alter verwende ich andere Formulierungen. Nr. 3-32 ist ein achtundzwanzigjähriger Mann. Er ist sicher erst kurz verheiratet, weshalb ich ihm viel Vergnügen gewünscht habe. Wenn er Mitte fünfzig wäre, hätte ich ihn gemahnt, seinen Hochzeitstag ja nicht zu vergessen. Den mit 3- beginnenden Nummern schicke ich schriftliche Handy-Nachrichten. Die mit 4- anfangen, bekommen eine E-Mail. Das sind meistens jüngere Leute. Die Zahl der Leute unter 2-, die eine schriftliche Pager-Nachricht wollen, nimmt deutlich ab. Leute, die mündlich über Telefon, Handy oder Pager verständigt werden wollen, finden sich unter 1-. Diese Kunden sind in meinem Telefonapparat gespeichert, 1-8 unter 8, 1-11 unter 11. Bis zu 40 Nummern kann ich speichern. Mehr Kunden sind es sowieso nicht. Ich nehme den Hörer auf und drücke die Speichernummer 8. „Hallo?" Auf der anderen Seite nimmt ein Mann ab. „Guten Tag. Hier ist der Gedenktag-Service." „Wie bitte?" Ich wiederhole meinen Spruch. Der Mann ruft seiner Frau irritiert zu: „Das muss für dich sein!" Die Frau meldet sich mit gedämpfter Stimme. „Morgen hat Ihr Schwager Geburtstag. Vergessen Sie ihn nicht." Damit lege ich auf. Leute, die direkt angerufen werden wollen, sind meist vergessliche Hausfrauen. Es gibt sogar eine Frau, die nach fünfundzwanzig Jahren zum ersten Mal den Todestag ihres Schwiegervaters vergessen und den Service abonniert hat.

Eine E-Mail mit dem immer gleichen Titel „Haben Sie wieder vergessen, mich zu erinnern?" ist eingegangen. Die ist sicher von dem Mann Nr. 4-21. Ich drücke die Löschtaste. „Wollen Sie die Nachricht wirklich löschen?" Ich ziehe die Maus zwischen „ja" und „nein" hin und her. Ich weiß schon, was er schreibt. Dass ich den Geburtstag seiner Freundin oder deren Eltern vergessen habe. Vor ein paar Tagen beschwerte er sich, ich hätte ihn nicht an den Jahrestag erinnert, an dem er seine Freundin kennen lernte. Ich klicke auf „nein": „Meine Freundin hatte gestern Geburtstag. Sie haben mich schon mehrfach vergessen." Ich schaue unter dem Datum von gestern nach. Keine Nr. 4-21.

Ich suche in seinen persönlichen Daten, ob unter dem gestrigen Tag etwas vermerkt ist. Auch nichts. Ich teile ihm mit, dass dieser Geburtstag nicht eingetragen ist. Er solle eine neue Liste schicken. Er hatte anfangs sechs Gedenktage gemeldet, die aber nicht seine Freundin betrafen. Am 4. und 5. März war der Todestag seines Vaters und seines Großvaters. Ich frage mich, ob man bei ihm die beiden Todestage an einem Tag begeht und wenn, an welchem Datum, oder ob sie getrennt begangen werden. Ich nehme den Geburtstag der Freundin in seine Datei auf. Er spricht immer nur von „ihr", so dass ich sie auch nur unter „sie" vermerke. Die ursprüngliche Liste von sechs Gedenktagen ist auf dreizehn angewachsen. Sechs beziehen sich auf „sie". Auch sein eigener Geburtstag wurde nachträglich eingetragen. Einmal hat er geschrieben: „Gestern war mein Geburtstag. Ihretwegen habe ich ihn vergessen." Es kommt häufiger vor, dass Leute ihren Geburtstag eintragen lassen. Vielleicht finden sie es tröstlich, wenn wenigstens ein Mensch an diesen besonderen Tag denkt. Nachdem sich die Kunden registrieren lassen, schicke ich nun allen, selbst wenn sie es nicht eigens gewünscht haben, einen Gruß zum Geburtstag, den ich ihren Unterlagen entnommen habe.

Die Druckmaschine spuckt unaufhörlich Flugblätter mit dem Aufdruck „Telefonservice – nur für Frauen" aus. So wurde auch meine Werbung für den Gedenktag-Service hergestellt. Sie hat die Größe einer Visitenkarte. Auf der Vorderseite wird der Service beschrieben, auf der Rückseite stehen die Geburtstage beliebter Stars. Die hatte ich aus Zeitschriften und aus dem Internet. Wenn ich sie dort nicht fand, hatte ich bei ihrer Agentur angerufen. So kann ich sicher gehen, dass die Karten nicht fortgeworfen werden.

Unbewusst pfeife ich zur Radiomusik. Beim plötzlichen Bremsen des Busses fällt meine Umhängetasche auf den Boden. Da erst fällt mir auf, dass ich gepfiffen habe, und es ist mir so peinlich, dass ich gar nicht mehr an die Tasche denke. Ob mich auch niemand gesehen hat? Ich schaue mich um. Meine Vorderzähne stehen auffällig weit auseinander. Beim Essen ist mir schon mal ein Stäbchen dazwischen geraten. Als Schülerin schämte ich mich so sehr, dass ich sogar versuchte, die

Lücke mit flüssigem Kerzenwachs zu füllen. Der Paraffingeruch kam mir immer wieder hoch, und ich konnte den ganzen Tag nichts essen. Ratternd setzt sich der Bus wieder in Bewegung. Es stinkt nach Benzin. Mir ist übel.

Dass mein Leben nicht mehr so glatt läuft, hat vielleicht damit begonnen, dass ich selbst bei ganz komischen Geschichten nicht mehr offen zu lachen wagte. Oder damit, dass ich vor dem Spiegel zu sprechen übte, ohne die Lippen zu bewegen. Es gab Namen von Klassenkameradinnen, die ich nicht aussprechen konnte, wenn meine Oberlippe die oberen Zähne verdecken sollte, so dass ich sie nie beim Namen nannte, so lange sie in meiner Klasse waren. Schritt für Schritt entfernte ich mich von meiner Umgebung. Statt meine Zähne weiter zu verstecken, entschied ich mich dazu, mich von anderen abzusondern. Wenn ich allein war, brauchte ich meine Zähne nicht zu verstecken. Ich hatte mich schon von meinen Mitschülerinnen zurückgezogen, bevor diese das Interesse an mir verloren. Als Folge davon gewann ich ein mir eigenes Instrument, indem ich durch die auseinander stehenden Zähne pfeifen konnte. Ich legte die gerundete Zunge an die Zahnlücke und blies hindurch. Je nachdem wie die Zunge die Zahnlücke verdeckte, konnte ich den Ton variieren.

Auf der Straße verteilt eine Frau mit einem großen Hut Visitenkarten in genau der gleichen Größe wie meine. Ich schaue auf den Boden und lese den Text auf einer weggeworfenen Karte: „Darlehen auf Kreditkarte. Falls Sie dringend Geld brauchen und von der Bank keins bekommen..." Das Weitere verdeckt ein schwarzer Schuh. Ich werde rot, als wäre es eine meiner Karten, die mit Füßen getreten würde. Ich hole eine Hand voll Karten aus der Tasche und gehe auf die Leute zu, bevor diese mich erreicht haben, und halte sie ihnen hin. Auch wo ich den Fuß hochhebe, liegt eine der Karten mit dem Kreditangebot.

Die Frau mit dem Hut erzählt, dass sie früher in einer Molkerei Butter verpackt habe. Einhundert Packungen jeweils in einen Karton. Niemand sei so schnell wie sie gewesen. Das erfahre ich, als ich ihr einen Trinkjoghurt bringe. Sie habe dort einen Mann kennen gelernt, der am Joghurtband arbeitete. Er habe ihr jeden Morgen zwei Stück geschenkt und sie habe in der Zeit nie an Verstopfung gelitten.

„Es wäre schön, wenn die Leute die Karten nicht vor meinen Augen wegwerfen würden."

Es gab nicht viele Menschen, die sich für die Geburtstage von Stars interessierten. Nur junge Mädchen mit Terminkalendern, die deren wichtige Tage mit Aufklebern markierten. Unglücklicherweise brauchen diese Mädchen, die so viel Sorgfalt darauf verwenden, die herzförmigen Sticker an die richtige Seite zu heften, meine Dienste nicht. In ihren Kalendern ist alles schon notiert.

Die Frau bildet mit Daumen und Zeigefinger die Form einer Pistole und zielt auf den Rücken eines Mannes, der ihre Karte unauffällig weggeworfen hat.

„Peng, peng. Der lebt nicht mehr", sagt sie mit einem komplizenhaften Lächeln.

„Versuchen Sie es auch mal. Es hilft."

Ich mache es ihr nach. Dann richte ich die Pistole auf die Apotheke auf der anderen Straßenseite. „Sie machen ein viel zu gutes Geschäft. Peng, peng." Die Wolken ziehen so schnell von rechts nach links vorüber wie ein Videoband beim Zurückspulen. Ich ziele auch auf eine mit einer weißen Tüte aus der Apotheke kommende Frau und auf die uniformierten Schülerinnen, die sich an einem Verkaufskarren daneben Reismehlstangen mit roter Soße gekauft haben. „Schauen Sie mal. Zwei habe ich umgelegt."

„Es gibt kein Zimmer. Es ist schon vermietet", sage ich zu dem Mann, der an das Tor klopft. Er scheint auf den Hinweis „Zimmer zu vermieten" an einem Strommast in der Nachbarschaft, hergekommen zu sein. Es handelt sich um ein Zimmer, das in den letzten Monaten viele Leute angeschaut haben. Aber zum Vertrag ist es nicht gekommen, was meiner Wirtin Kummer bereitet. Denn vergeblich hat sie alle Anwärter darauf hingewiesen, dass es 50.000 Won billiger sei als die anderen Souterrainzimmer in der Nachbarschaft. Ich versuchte die Größe des Mannes abzuschätzen. Wie krumm müsste er sich wohl machen? Wenn ich auf dem Klo sitze, stoße ich fast mit dem Kopf unter die Decke. Ich stellte mir jedes Mal vor, wie jemand dort gebeugt im Stehen pinkeln würde. Da war es schon besser, wenn das Zimmer weiter leer stünde.

„Dies ist doch das Haus von Song Myong-Gyu, oder?"

Er zeigt auf das Schild am Tor. Der Name steht dort in chinesischen Zeichen und ich kann nur Song Myong-.... entziffern. Das letzte Zeichen lautet also „gyu". Ich nicke bejahend. Der Mann hebt einen Karton und fragt mit dem Blick, wohin er ihn stellen soll. Auf dem Rücken seiner Weste steht in großen Buchstaben „Hyundai Zustellservice".

Der Schlüssel klemmt. Ich ziehe ihn aus dem Schloss und blase darauf. Dann drehe ich ihn und stecke ihn umgekehrt ins Loch. Aber er geht nicht hinein. Darunter gibt es noch ein zweites Schloss. Ich versuche es damit. Der Schlüssel klickt.

In der Wohnung stelle ich den Karton neben die Tür. Der Fernseher und das Wohnzimmerlicht sind eingeschaltet. Das Lachen einer Frau ist zu hören. Auf dem Bildschirm hebt ein Elefant sein Junges mit dem Rüssel hoch. Das Lachen kommt von weiter weg, jedenfalls nicht aus dem Fernseher. Ich nehme die Fernbedienung und schalte den Ton ab. Das Lachen wird abgelöst von Musik. Sie kommt aus dem Radio in dem Zimmer, an dessen Tür eine Puppe mit dem Schild „Bitte klopfen" hängt. Als ich den Türknopf drehe, geht sie nicht auf. Stattdessen fällt die Puppe herunter. Ich hebe sie auf und hänge sie wieder an die Tür. „Bitte klopfen" ist umgesprungen auf „Nicht beim Schlafen stören".

Auf der Treppe hockt ein Junge und wirft Steine auf das Tor. Wenn er alle Steine geworfen hat, sammelt er sie wieder auf und beginnt von Neuem. Ich stehe hinter ihm und schaue ihm zu. Er zielt nicht auf das Tor, sondern auf irgendein Unkraut, das in einer Lücke zwischen Tor und Mauer wächst. Es hat kleine Blüten. Es wird von einem Stein getroffen und gelbe Blütenblätter fliegen umher.

„Entschuldigung, ich habe mehrmals gerufen, aber niemand antwortete."

Die Mutter des Kindes hat in mein Zimmer geschaut und schließt überrascht die Tür, als sie mich bemerkt.

„Ich habe mir vorgestern das andere Zimmer angeschaut und würde es gern noch mal sehen. Die Wirtsleute scheinen nicht da zu sein", sagt die Frau nervös blinzelnd. Ihre adrette Kleidung will so gar nicht zu ihrem erschreckt umherschweifenden Blick passen, dass ich an eine Figur aus einem Zeichentrickfilm denken muss, bei der Körper und Kopf von verschiedenen Personen stammen.

„Sie sind verreist. Kommen Sie in drei Tagen wieder."

Aber sie macht keine Anstalten zu gehen. Der Junge nimmt ein Spielzeugauto aus der Tasche. Er hält es mit „brumm, brumm" an die Wade seiner Mutter und lässt es fahren. Die Autospur zeichnet den Körper der Frau nach. Vielleicht ist sie kitzlig, jedenfalls verzeiht sie den Mund zu einem Lächeln.

„Darf ich mir Ihr Zimmer stattdessen anschauen?"

Die Frau vermisst das Zimmer mit der Handspanne. Sie zieht einen Zettel aus der Tasche und nach einem Blick auf ihre Angaben stellt sie leise fest: „Der Schrank müsste hinpassen." Ich zähle innerlich die Handspannen mit. Als sie den Kalender erreicht, hält sie ein und stellt überrascht fest, dass heute der 21. ist. Bevor ich noch etwas dazu sagen kann, fasst sie sich mit der freien Hand an die Stirn und fragt: „Wo war ich?"

„Elf. Sie haben bis elf gezählt."

„Mami, Mami", ruft das Kind. „Was ist?" Die Frau zeichnet aus dem Kopf mit den Händen die Form der Möbel nach. „Mami, Mami, Mami, Mami", schreit das Kind mit mehr Dringlichkeit, weil die Mutter nicht nach ihm schaut.

„Was macht man denn, wenn an die Klotür geklopft wird?"

Interessenten stellten immer wieder dieselbe Frage, wenn sie mir begegneten: „Ist die Toilette nicht unbequem? Kann man da nicht runterfallen?" Und ich gab auch immer dieselbe Antwort: „Ist doch mal was anderes. Gefährlich ist es überhaupt nicht." Ich konnte ihnen ja schlecht sagen, dass ich in den Abfluss im Bad pinkelte. Niemand allerdings hatte sich bislang danach erkundigt, wie man reagieren könnte, wenn von außen an die Tür geklopft wurde.

„Na ja. Sie könnten eine lange Stange nehmen und damit gegen die

Tür klopfen. Ihr Kind hätte vielleicht Spaß daran, wenn Sie eine Puppenhand am Ende befestigen."

„He!" Da die Mutter dem Kind keine Beachtung schenkt, bewirft es uns mit irgendwas. Das Spielzeugauto rollt über den Boden und etwas mit dem Auto zusammen Geworfenes fliegt vom Boden zurück. Es sieht aus, als würde das Auto vom Boden abprallen. Es ist eine Libelle. Sie fliegt um den Abreißkalender herum. Der einundzwanzigste! Das Flattern der Libelle lenkt den Blick immer wieder auf das Datum. Der einundzwanzigste! Mir wird schwach in den Knien und ich suche am Türrahmen Halt. Die Libelle will sich gerade auf dem Knauf niederlassen und fliegt erschrocken fort. Die Quersumme meines Geburtstags ist 10. Das ist meine Eselsbrücke für den 21.7.

Dreitausend Karten habe ich verteilt, und doch hat sich kein neuer Kunde gemeldet. Es hat sich auch niemand erkundigt, um was für einen Service es sich genau handelt. Vor einer Woche habe ich zusätzlich fünftausend E-Mails verschickt. Daraufhin kamen zwar einige Anfragen, aber dabei blieb es auch. Als mir eine Freundin diesen Job anbot, den sie bislang nebenbei gemacht hatte, habe ich keinen Moment gezögert. Denn er verlangt keinen direkten Kontakt zu anderen Menschen, so dass ich meine Zähne nicht zeigen musste. So ein Job gefiel mir.

Mit dem Entstehen einer ganzen Branche, die zu Gedenktagen Blumen oder Karten im Auftrag verschickt, hat sich meine Kundschaft verringert. Insbesondere die Versicherungsvertreter, die die Hälfte meiner Kunden ausmachten, haben ihre Aufträge an diese Profis vergeben. Bislang hatte ich die Vertreter zuverlässig an die Gedenktage von fünfzig bis hundert ihrer Kunden erinnert. Jetzt aber ziehen sie den Blumen- und Kartenservice vor, denn auf die Dauer wurde es ihnen sicher zu lästig, allen Leuten einzeln zu gratulieren. Es gibt auch noch Leute, die ein Geschenk selbst kaufen wollen, und diese sind mir treu geblieben.

Ein Mann, dessen Vertrag heute ausläuft, ruft an. „Wenn Sie mir das Verzeichnis der Gedenktage zufaxen würden…" „Aber selbstverständlich." Ich notiere mir seinen Namen. Wenn sie ein Fax wollen, melden sie sich im Allgemeinen woanders an.

Der Mann ist gerade dreißig und hat schon einunddreißig Gedenktage auf der Liste. Vierzehn davon fallen in den Dezember. Das wird ihn ganz schön in Trab halten. Achtzehn Einträge beziehen sich auf eine gewisse KMJ. Da die erste Begegnung dazugehört, scheint es sich um seine Freundin zu handeln: 30. Juni. Geburtstag von KMJs Mutter: 19.2. nach dem Mondkalender. Ich ändere die Daten auf den 30.5. beziehungsweise den 28.2. ab und verschicke das Fax.

Andere Leute wollen noch anonymer sein als die englischen Abkürzungen. Einer verwendet Ortsnamen, ein anderer Obstsorten. Kirsche, Apfel, Pfirsich. Daneben ist jeweils der Tag der ersten Begegnung, des ersten Kusses, der ersten gemeinsamen Reise und so weiter vermerkt. Die die Anonymität liebenden Leute bevorzugen meist eine Nachricht per E-Mail. Man stelle sich sonst einmal vor, ich würde telefonisch mitteilen: „Fräulein Wassermelone hat heute Geburtstag."

Schon wieder ist eine E-Mail von Nr. 4-21 da, der diesmal schreibt: „Bitte löschen Sie alle Daten der Frau. Ich habe mich gerade von ihr getrennt. Ihnen mache ich keinen Vorwurf." Er selbst hat nie ausdrücklich ihre Daten gemeldet. „Entschuldigung. Wie gewünscht, habe ich alle die Frau betreffenden Daten gelöscht", antworte ich ihm. Unter einem anderen Namen speichere ich sie aber für mich ab.

Nachdem ich die Größe des Pinsels gewählt habe, male ich eine ovale Säule auf ein Drittel der Bildfläche und dann eine kleinere oben drauf. Das sieht wie eine Grafik aus. Unter die weiße Farbe mische ich etwas Gelb zu Cremefarbe, um sie anzumalen. Jetzt sieht sie wie eine Torte aus. Darauf stecke ich bunte Kerzen. Die Maus ist etwas verrutscht, so dass einige schief sind. Mit rotem Spray male ich die Flammen, und wenn ich einmal klicke, leuchten die Kerzen auf.

Ich schicke den Kuchen als Anlage. „Ihre Nachricht wurde gesendet" und gleich danach erscheint: „Sie haben eine Nachricht". „Guten Tag. Hier ist der Geburtstagsservice. Herzlichen Glückwunsch!" Ich lade die Anlage herunter.

Auch wenn die Kerzen auf dem Kuchen lange brennen, tropfen sie nicht. Ich installiere dieses Bild als Hintergrund für meinen Bildschirm. Statt einer Cremetorte wäre auch eine Schokoladentorte schön. Innen gibt es sicher diesen luftigen, federleichten Kuchen. Ich schalte das Licht aus. Die Torte erleuchtet das Zimmer. Mit spitzen Lippen blase ich die Kerzen aus. Sie brennen aber weiter. Lange noch brennen sie auf meinem Schreibtisch.

Wieder ist das Wassergeräusch zu hören. Ich schiebe den Arm von den Augen über die Stirn und versuche herauszubekommen, aus welchem der Badezimmer es stammt. Ich drehe mich auf die rechte Seite und lausche, ein Ohr im Kopfkissen vergraben. Das Geräusch kommt von rechts oben. Dann müsste das junge Ehepaar zurück sein. Denn wenn die Frau, die mir den Schlüssel der Wirtin anvertraut hat, wieder da wäre, müsste es von links kommen. Wenn sie Wasser benutzt, fließt es durch das Abflussrohr in meiner Badezimmerwand. Etwas auf der Matte presst sich in meine Schulter. Ich fühle nach und finde das Spielzeugauto, mit dem der Junge gespielt hat. Ich fahre mit dem Auto auf dem Schrank entlang. Gestern habe ich wohl mit dem Kopf in die andere Richtung geschlafen. Ich lasse das Auto fallen. Was gestern links war, ist eigentlich rechts. Ich halte das Ohr an die Wand. Das Geräusch kommt nicht aus der Wand, sondern vom Fußboden des Badezimmers.

Ich kann den Schlüssel nicht finden. Die Wirtin hat ihn irgendwo bei der Stereoanlage herausgenommen, als Wasser im Bad der Nebenwohnung geflossen ist. Als sie mir den Schlüssel mit dem Basketballanhänger aushändigte, bat sie mich, nicht nur im Bad nachzusehen, sondern auch in die Küche zu schauen, ob der Wasserhahn abgestellt sei. Den habe sie zwar selbst zugedreht, aber man könne nie wissen. Auf der Stereoanlage stehen zwei Keramiktiere. Die haben oben einen Hohlraum, so dass man etwas darin aufbewahren kann. Ich schüttele die rechte Keramik. Irgendetwas bewegt sich darin, aber es ist nichts zu hören. Ein Schlüssel ist es jedenfalls nicht. Die linke Keramik klingt beim Schütteln metallisch. Ich lege eine Zeitung auf den Boden und leere den Inhalt aus. Viele Haken zum Aufhängen von Gardinen fallen heraus. Auch ein Oberhemdknopf rollt fort.

Der Knopf landet auf einer Ameise, die eine ihren Körper überragende Last davonschleppt. Wie bei einer Fernbedienung tippe ich mit dem Zeigefinger auf die Ameise. Diese wird von ihrer Last erdrückt. Die Last wird zu ihrem Grabstein. Ich zerdrücke noch andere Ameisen. Je größer die Last, desto größer das Grab. Und wenn man den Himmel schleppt, wird er einem dann auch zum Grab? Ich bringe viele Ameisen unter die Erde.

Der Marsch der Ameisen reicht bis zu einem Karton neben dem Schuhschrank. Die Ecken sind nicht mehr ganz dicht. Ich sprühe ein Insektenmittel auf die vom Karton in die Küche führende Ameisenspur, die auf dem braunen Boden eine schwarze Linie bildet. Dann lasse ich Wasser in eine rote Gummiwanne laufen, stelle eine kleinere Schüssel umgekehrt hinein und den Karton oben darauf. Die vor dem Sprühmittel fliehenden Ameisen werden ins Wasser fallen, wenn sie aus dem Karton herauskommen.

Eine alte Zahnbürste aus dem Kernseifenbehälter stecke ich in das Loch des Kartons. Die Zahnbürste ist voller Ameisen, und als ich mit dem Daumen über die Borsten fahre, springen sie an die Kacheln. Während ich mit dem Daumennagel den Griff der Zahnbürste drücke, sehe ich die Ameisen die Wand hinunterrutschen. Die Zahnbürste zeigt deutlich die Spur, die der Nagel hinterlassen hat. Bei all meinen Zahnbürsten gibt es eine solche Spur. Das ist mir neulich aufgefallen, als ich meine alte Zahnbürste mit einem A auf der Rückseite des Griffs heimlich in den vor der Tür abgestellten Müllbeutel meiner Wirtin steckte. Die Borsten dieser Bürste sind zur Seite gebogen und die Mitte ist kahl. Eine Ameise versucht zappelnd aus diesem Gestrüpp herauszukommen. Ich bin neugierig, ob die Rückseite ein A hat, schaue aber nicht nach. Ich werfe die Zahnbürste zum Fenster, wo sie gegen das Fliegengitter prallt und wieder ins Bad zurückfällt.

Mit dem Schraubenzieher löse ich die acht Schrauben von den Brettern. Da das Fenster nur ungefähr Brusthöhe hat, muss ich ein wenig in die Knie gehen, um die oberste Schraube zu entfernen. Ich lasse mich hindurchgleiten und trete auf den Unterschrank für die Kochplatten.

Unter den Füßen spüre ich den Gasschlauch. Auf dem Fußboden im Bad gibt es keinen einzigen Wassertropfen.

Die Tapete gegenüber der Tür ist heller, weil dort vielleicht ein Schrank oder ein ähnlich großes Möbelstück gestanden hat. In der Mitte dieser Fläche hat sich Schimmel in der Größe eines Fensters gebildet. Er hat sich kreisrund wie eine Baummaserung ausgebreitet. Nur der alte Ventilator hat gesehen, wie der Schimmel gewachsen ist. Ich schließe den Ventilator an. Er dreht sich so langsam, dass man merkt, er hat nur noch zwei Flügel. Die gelockerte Tapete bewegt sich leicht. Ich ziehe ein Stäbchen aus einem Linoleumspalt und pike damit an die Stelle, wo der Flügel fehlt. Verärgert gibt der Ventilator ein lautes Protestgeräusch von sich. Ich fasse das Stäbchen kürzer an und versuche es noch einmal. Diesmal gelingt es mir, genau die leere Stelle zu treffen. Einmal, zweimal. Das Stäbchen durchschneidet den Wind. Ich lege es fort und strecke den Zeigefinger aus. Zwischen den anderen Fingern bildet sich Schweiß. Ich lüfte den Daumen nach außen und stecke ihn wieder zwischen die anderen Finger. Tief atme ich den Wind des Ventilators ein. Der durch die Zahnlücke in meinen Mund dringende Wind kitzelt die Zunge. Ich habe das Gefühl, dass jemand mir zuschaut und wende mich um. Der in der Mitte dunklere Schimmelfleck gleicht einem schwarzen Auge. Ich ziehe etwas an der Tapete, so dass ein Teil des Auges verschwindet. Der Blick des restlichen Auges wird aber umso eindringlicher. Ich stecke den Zeigefinger in den laufenden Ventilator. Das Loch, wo er den Flügel verloren hat, fühlt sich warm an.

Zwei Würmer fressen die Bildfläche an, der eine von oben, der andere von unten auf die Mitte zu. Was passiert, wenn sie sich treffen? Eine der Kerzen auf der als Hintergrund dienenden Torte erlischt. Noch bevor die nächste ausgeht, puste ich auf die Torte. Eine weitere geht aus. Der untere Teil der zweistöckigen Torte verschwindet und nur der obere mit ein paar kleinen Kerzen bleibt zurück. Ich fühle mich so satt, als hätte ich den Kuchen gegessen. Der Monitor flimmert jetzt grau wie ein Fernseher nach Sendeschluss. Die graue Fläche wirkt wie der Eingang zu einer abgrundtiefen Höhle. Irgendwo darin verbergen sich die Gedenktage, an die ich heute erinnern muss.

Wessen E-Mail hat mir dieses Problem beschert? In Gedanken gehe ich noch einmal die Nachrichten der letzten Woche durch.

Hinter der losgerissenen Tapete waren Holzbretter. Der losgerissene Teil des Auges zeichnete sich vage auf dem Holz ab. An der gleichen Wand, wo sich im Nebenzimmer der Schimmelfleck befindet, steht mein Schreibtisch. Ich ziehe ihn von der Wand ab, klopfe, und es klingt nicht nach Beton. Die Tapete geht leicht ab. Auch hier ist die Wand mit Brettern vernagelt. Wenn man darauf eine Landschaft malen würde, könnte man die Stelle ihrer Größe und ihrer Lage nach für ein Fenster halten. Würde man den blauen Himmel darauf malen, könnte man sich wie in einem hohen Gebäude vorkommen, wo der Blick nicht von anderen Häusern verstellt ist.

Die Fenster der Häuser werden im Souterrain mit der leichten Steigung des Hangs immer kleiner. Das dreistöckige Haus am Fuß des Hanges hat die gleiche Höhe wie das zweistöckige am Ende. Vor diesem, um ein Stockwerk betrogenen, Haus stehe ich jetzt. Darin ist für die Vorübergehenden unsichtbar ein Zimmer versteckt. Der Junge auf dem Fahrrad hat sein Eis aufgegessen und wirft den Stiel fort. Dieser prallt vom Boden ab und landet in einem Spalt zwischen Haus und Straße. Gab es den überhaupt? Jedenfalls hätte ein Kind kaum seinen Finger hineinstecken können. Daraus schaut ein Stück Vinyl von der Breite der Bretter an meiner Wand hervor. Am Rand zeichnet sich dunkel ein Fensterrahmen ab.

Ich nehme die Winterbettdecke heraus, und als ich mit den Zähnen einen Faden des Bezuges herausziehen will, reißt dieser und schneidet mir in die Lippe. Ich lecke das leicht rostig schmeckende Blut ab. Beim Abziehen fällt eine tote Küchenschabe heraus. Ich muss an die Nächte vom vergangenen Herbst bis zu diesem Frühjahr denken. „Das Zimmer ist aber feucht!" Ich höre die Stimme der Frau, die sich gestern umgesehen hat. Nein, sie war das nicht. Sie lehnte nur an der Wand und nieste zweimal. Die lockere Tapete hat sich ein wenig bewegt. Sie hat sich zwar die Hände gerieben und irgendetwas gesagt, aber die Feuchtigkeit hat sie nicht erwähnt. Vielleicht war es einer von denen, die das Nebenzimmer besichtigt haben. Während die Hauswirtin auf einen Vertrag drängte, wollte sich einer nicht festlegen und erkundigte sich hinter ihrem Rücken nach dem Badezimmer. Der muss die Feuchtigkeit erwähnt haben. Ich hebe den Bezug hoch und rieche daran.

Auf dem Dach des Nachbarhauses ist die zwischen der rostigen Fernsehantenne und dem Schornstein gespannte Wäscheleine zu sehen. Die Antenne hat sich etwa um dreißig Grad geneigt, so dass die Wäscheleine entsprechend durchhängt. Während ich noch dabei bin, das Bettzeug auf die Leine zu hängen, ziele ich mit der Hand auf die Antenne. Brich ab! Obwohl ich mehrmals schieße, rührt sie sich nicht.

Etwa vier Häuser weiter zeigt mein Zeigefinger auf eine lila Blume. Ich hebe den Finger ein wenig, dann verschwindet sie hinter meiner Hand. Andere Blumen sind nicht zu sehen. Die blühende Pflanze überragt die Brüstung ein gutes Stück, während die anderen kaum höher als die Brüstung sind. Mir tut es Leid, dass die Pflanze nur eine Blüte hervorgebracht hat und ich stelle das Spiel mit der Pistole ein.

Ich stehe vor dem orangefarbenen Tor des Hauses. Wie bei Mehrfamilienhäusern üblich, ist das Tor offen. Ich muss durch die Haustür, um auf das Dach zu kommen. Ein in der Sandkiste hockender Hund knurrt mich an. Daraufhin beginnt im Parterre ein Baby zu weinen. Eilige Erwachsenenschritte laufen herbei, und ich nutze die Gelegenheit, um aufs Dach zu gelangen.

Auf dem Dach gab es gar nichts, weder die lila Blume noch die anderen Pflanzen. Ich schaue mich um. Zwei Häuser weiter ist die Blume zu sehen. Aus der Nähe wirkt das Lila dunkler. Der Abstand zwischen dem Dach, auf dem ich mich befinde, und dem des Nachbarhauses ist nicht so groß. Ich lehne mich vor und strecke die Arme aus. Mehr als eine Schrittbreite ist es nicht. Von der Brüstung aus springe ich auf das Nachbarhaus.

Zum nächsten Haus ist der Abstand größer. Von der Brüstung schaue ich nach unten. Wie viele Leute müsste ich heute an ihre Gedenktage erinnern? Eine Frau, die die Vorbereitungen zum Todestag ihres Schwiegervaters vergessen hat und einen Bummel durch die Kaufhäuser macht, einen Ehemann, der sich nicht an den Hochzeitstag erinnert und zu Hause über das Essen meckert. Was soll's? Es ist nicht meine Schuld. Ich pfeife oben auf der Brüstung. Jedes Mal, wenn ich einen Schritt von den anderen abgewichen bin, ist ein Loch in meinem Herzen entstanden, durch das, wie bei einem Black-Hole, wichtige Dinge verschwunden sind. Diese hätten vielleicht auf einer anderen Zeitebene mein anderes Ich ausmachen können. Wenn ich am Computer sitze, spüre ich dieses andere Ich. Die Computeruhr geht täglich zwei Minuten nach. In der Welt meines anderen Ichs vergehen zwei Minuten wie vierundzwanzig Stunden.

Es war gar keine Blüte, nur so ein Stück Vinyl, mit dem der Stiel der Pflanze an einem Stock festgebunden war, damit sie nicht abknickte. Das Vinylband war schwarz, aber darüber war noch ein zweites lila Band angebracht. Von weitem sah es nur lila aus. Ich schaue mich um, ob irgendwelche Blüten heruntergefallen sind. Der Vinylknoten ist meinem Haus zugekehrt, und wenn der Wind die überstehenden Ecken bewegt, wirken sie wie eine große Blüte. Ich hätte das besser nicht untersuchen sollen. Gern hätte ich weiter aus der Ferne diese Blüte angeschaut, die dem Sturm trotzt und auch im Winter nicht verblüht. Ich knüpfe das Vinylband auf und ziehe den Stock heraus. Unter den Zweigen auf dem Boden suche ich den dicksten heraus, stecke ihn neben die Pflanze und binde ihn mit einer noch größeren Blütenschleife fest. Die Enden des Vinylbandes ziehe ich weit auseinander. Die Blume wird noch üppiger aussehen als eben. Ich schaue zu meinem Dach hinüber, wo der Bettbezug hängt. Mit der Hand ziele ich auf die Wäscheleine. Damit die Hand ruhiger bleibt, stütze ich mit der linken Hand den rechten Ellbogen ab. Peng. Ich schieße auf die T-förmige Stange, an der die Wäscheleine befestigt ist. Der Knoten löst sich und der Bettbezug fällt auf den Boden des Daches, das jetzt ganz weiß ist. Es blendet mich, so dass ich blinzeln muss.

Nachwort

Die koreanische Literatur nach dem 2. Weltkrieg wandte sich, als sie sich frei von japanischer Bevormundung entfalten konnte, zunächst großen nationalen Themen zu, vor allem der Aufarbeitung der kolonialen Vergangenheit, der Teilung des Landes und den schmerzlichen Erfahrungen des Bruderkrieges zwischen Nord- und Südkorea. In den 70er und 80er Jahren kamen Entfremdung durch die Industrialisierung, der Kampf um soziale Gerechtigkeit und die Auseinandersetzung mit den Militärdiktaturen hinzu. Mit der Demokratisierung und zunehmendem Wohlstand in den 90er Jahren lösten sich die Schriftsteller immer mehr von historischen, politischen und gesellschaftlichen Themen und stellten die Welt zunehmend aus privater Sicht dar. Probleme des Individuums, Kontaktschwierigkeiten der Menschen untereinander, Isolation, die Beziehungen der Geschlechter, kurz: Das Private wurde zum zentralen Thema dieser jüngsten literarischen Richtung.

Ausschlaggebend für die hier vorgelegte Auswahl an Texten war nicht ihr Beliebtheitsgrad bei den Lesern oder ihre Anerkennung in der Literaturkritik. Da die Literatur immer noch die beste Möglichkeit ist, in die Gedankenwelt eines Landes vorzudringen, erschien es uns angemessen, ein möglichst breites Spektrum an Themen zu bieten und den Akzent auf Variation zu legen. Den in dieser Anthologie enthaltenen Erzählungen ist die Darstellung des Überlebenskampfes und der Kontaktschwierigkeiten zwischen den Geschlechtern gemein. Allein stehende Frauen bilden in den meisten Texten den Mittelpunkt. Sie müssen sich damit auseinandersetzen, dass ihre romantische Vorstellung von der Liebe an der Realität zerbrochen ist, dass die Gesellschaft ihnen traditionelle Normen aufzuzwingen versucht, gegen die sie ihren individuellen Weg verteidigen müssen. Das gelingt ihnen in unterschiedlichem Maße.

Jon Kyongnin wird von den Kritikern als gute Stilistin geschätzt. Sie versteht es, den Leser emotionell zu involvieren und ihn durch ihre eigene Bildersprache in ihre Gedankenwelt hineinzuziehen. Das Thema vieler ihrer Werke ist die Suche nach dem, was eine Frau ausmacht. Auch in der Erzählung „Ein ganz einfaches gepunktetes Kleid" geht es um den Prozess der Selbstfindung. Das Kleid, das die Protagonistin zwölf Jahre lang trägt, ist ein Symbol ihrer Umgebung und ihrer von Männern bestimmten Weiblichkeit. Wenn es am Ende von einer Vogelscheuche getragen wird, steht das stellvertretend für die Loslösung von ihrer passiven Rolle als Frau und von einer immer wieder enttäuschten Erwartungshaltung. Sie akzeptiert die eigene Vergangenheit und das Leben, dem sie neues Vertrauen entgegenbringen kann.

Die Werke von Kong Sonok haben einen stark autobiographischen Charakter. Häufig stellt die Autorin starke, den äußeren Umständen trotzende Frauen dar. Sie lassen sich von ihren Mitmenschen nicht in konforme Verhaltensmuster zwängen und ertragen die Konsequenzen mit Fassung. So wird auch in „Die allein stehende Mutter" eine Frau dargestellt, die nach ihrer Scheidung in eine Außenseiterstellung geraten ist. Um den teuren Lebenshaltungskosten der Großstadt zu entgehen, kehrt sie in ihr Heimatdorf zurück, obgleich sie nur wenig von den Regeln des mitmenschlichen Umgangs weiß, die in der homogenen Welt der Bauern ihre Gültigkeit haben. Sie eckt überall an und weigert sich konsequent, wieder zu heiraten. Ihren Frust betäubt sie durch häufigen Alkoholgenuss. Auch Humor und Selbstironie werden zu Mitteln der Selbstverteidigung. Die Erzählweise der Autorin ist weitgehend realistisch. Sie verzichtet bewusst auf kunstvolle Ausgestaltung, „schöne" Metaphern und intellektuelle Überhöhung ihrer Aussagen.

Un Hikyong ist zweifellos die renommierteste der in diesem Band vorgestellten Autorinnen. Sie hat bei den Kritikern viel Anerkennung gefunden und eine breit gefächerte Leserschaft gewonnen. Sie hinterfragt traditionelle Verhaltensmuster und provoziert durch hintergründige Darstellungen. Die Erzählung „Die Schachteln meiner Frau" ist ein Beispiel dafür. Oberflächlich stellt sie die Geschichte eines Mannes dar, dem es trotz seiner 'verständnisvollen' Bemühungen nicht gelingt, mit seiner Frau ein harmonisches Eheleben zu führen. Aber aus der

Sicht des Mannes geht deutlich hervor, wie sehr er seiner eigenen Welt verhaftet bleibt und den Zusammenbruch der Kommunikation selbst nicht spürt. Bliebe man bei dieser feministischen Interpretation, wäre das Urteil über den Ich-Erzähler vernichtend. Un Hikyong gibt der Erzählung jedoch noch eine weitere Dimension. Nach eigenen Aussagen wollte sie keinem der Partner die Schuld für das Scheitern zuweisen. Sie macht die Kälte und Verödung der modernen Welt dafür verantwortlich. Als Metaphern dafür stehen das Leben in sterilen Wohnblöcken, der Asphalt der Großstadt, die Verkapselung seelischer Probleme in Schachteln. Während sich die Frau in ihrem depressiven Zustand, der zum Teil durch ihre Unfruchtbarkeit ausgelöst wird, den Anforderungen des Lebens nicht gewachsen fühlt, hält sich der Mann für „normal" und lässt in sich keine Zweifel daran aufkommen, dass ein geregeltes Leben seine Wunschvorstellungen befriedigt. Die Tragik besteht darin, dass beide Partner kein erfülltes Leben führen können. Als Schriftstellerin sieht Un Hikyong es als ihre Aufgabe an, Klischeevorstellungen aufzubrechen und den Leser dazu zu bewegen, bloße Konformität nicht mit Selbstverwirklichung zu verwechseln. Sie schreibt keine „schönen" Geschichten, die Ausgleich und Harmonie anstreben. Ihre Erzählungen sind messerscharfe, oft zynische Analysen der „condition humaine".

Ha Songnans Erzählstil ist gekennzeichnet durch die Darstellung mikroskopischer Details. Während viele Autoren der 90er Jahre Ich-Erzähler auftreten lassen, schreibt Ha Songnan fast immer in der dritten Person. Ihre Protagonisten analysieren ihre Umgebung mit Akribie und versuchen, ihre Mitmenschen zu verstehen. Sie kommen zu dem Schluss, dass der äußere Schein oft nicht der inneren Wirklichkeit entspricht. In „Schimmelblumen" spürt ein Mann den Eigenheiten seiner Nachbarn nach und findet Spuren ihrer Vorlieben. Deren Kenntnis könnte das gegenseitige Verständnis erleichtern, aber er selbst kann seine Rolle als heimlicher Beobachter nicht preisgeben. Um andere nicht zu verletzen, werden eigene Neigungen und Präferenzen oft verschwiegen, was aber die Kommunikation verhindert. Die Erzählung zeigt, wie stark das Bedürfnis nach Verständigung ist, aber auch, welche Schwierigkeiten ihr im Weg stehen. Wir möchten andere verstehen und verstanden werden, und die Tragik besteht darin, dass dies selten gelingt.

Das Erstlingswerk von Jo Kyung Ran „Das französische Brillengeschäft", ist in vieler Hinsicht typisch für ihr gesamtes bisheriges Schaffen. Meistens stehen Frauen im Mittelpunkt der Handlung. Sensibel und präzise befasst sich Jo Kyung Ran mit der privaten Alltagsrealität. Darin besteht auch ein wesentliches Charakteristikum der Frauenliteratur der 90er Jahre. Die emotionelle Welt ist teilweise bis zum Zerreißen gespannt. Die Welt im Ganzen, polititische und soziale Entwicklung werden ausgeklammert.

Isoliert von der Außenwelt lebt die Protagonistin der Erzählung „Das französische Brillengeschäft", die sie durch die Fensterscheibe beobachtet. Die gläserne Trennwand stellt symbolisch die Abkapselung dar, in die die Brutalität und Vulgarität der Männerwelt sie immer tiefer hineindrängt. Der Schluss jedoch wirkt dadurch befreiend, dass sie mit einem Beschwörungsritual die negativen Kräfte zu bannen versucht, eine symbolische Handlung, der in Korea bis heute viel Bedeutung beigemessen wird. Die Lichtmetaphorik am Ende lässt auch den nicht in diese kulturellen Hintergründe eingeweihten Leser erkennen, dass es der Heldin gelingen könnte, sich aus ihrem gläsernen Käfig zu befreien.

Kim Kyong-He greift in all ihren Erzählungen auf traditionelle Motive und Symbole Koreas zurück. Als Historikerin knüpft sie an Gegenstände an, die als alte Kulturschätze gelten. Sie dienen ihr als Aufhänger für Handlungsabläufe, die auf die geistigen Wurzeln der heutigen Gesellschaft zurückverweisen. Die Autorin ist davon überzeugt, dass wir in der modernen Industriegesellschaft, in der sich rein utilitaristische Verhaltensweisen immer mehr durchsetzen, eine Rückbesinnung auf Eigenes als Ausgleich brauchen, um nicht im faden globalen Einerlei die Identität zu verlieren.

Die Protagonistin der Erzählung „Das kostbare Erbstück" ist vom

Leben frustriert, weil sie im Zuge von Sparmaßnahmen ihre Stellung verloren und ihr Freund sie verlassen hat. Durch die Ankündigung einer Erbschaft schöpft sie neue Hoffnung. Die Erzählung erhält ihren Spannungsbogen dadurch, dass bis zum Schluss verborgen bleibt, worin die Erbschaft besteht. Trotz der Enttäuschung über den geringen materiellen Wert des Erbstückes erschließt ihr dieses ein neues Verständnis für die Welt des Vaters. Daher ist der Titel nicht als Ironie zu verstehen, sondern durchaus wörtlich zu nehmen.

Bae Su-Ah gehört zu den besonders bei der jungen Generation beliebten Autoren. Andererseits wird sie in etablierten literarischen Kreisen häufig als Provokation empfunden, da sie sich das Schreiben zu leicht mache. Man kritisiert das Fehlen von logischen Zusammenhängen. Ihr Werk bestehe aus abgebrochenen Bilderfolgen, die sich einer Sinngebung entziehen. Ihr Stil zeige keinen Respekt vor traditionellen Ausdrucksweisen. Es überrascht daher nicht, dass man der Autorin trotz ihres Erfolges bislang noch nicht mehr Anerkennung geschenkt hat.

Die meist jungen Menschen in ihren Erzählungen und Romanen sind von keinerlei Ehrgeiz motiviert und lassen sich treiben. Sie suchen nicht nach einem tieferen Sinn, treten meist in Gruppen auf und folgen der jeweiligen Mode. Nachahmenswerte Vorbilder in der Elterngeneration gibt es für sie nicht. Die Erzählung „Ein Rudel schwarzer Wölfe" weckt die Empfindung dumpfer Bedrohung, deren Ursache nicht verdeutlicht wird. Die Suche nach den schwarzen Wölfen wird fast zu einer Zwangsvorstellung, das ungeklärte Schicksal des Bruders und der nicht aufgeklärte Tod eines Arbeiters sind ein Ausdruck von Lebensunsicherheit. Die vertraute Welt kommt unversehens abhanden und versinkt in schwarzen Löchern. Hinter der bekannten Fassade der Dinge vollzieht sich Unbegreifliches und ruft ein vages Gefühl der Bedrohtheit hervor. Die zur Schau gestellte emotionelle Unabhängigkeit der jungen Leute maskiert ihre innere Ratlosigkeit und wirkt wie ein Selbstschutz.

Die Protagonistin der Erzählung „Gedenktage im Terminkalender" von

Yun Songhi hat sich von ihrer Umgebung zurückgezogen, weil sie fürchtet, wegen ihrer hässlichen Zähne ausgelacht zu werden. Die Schwierigkeit menschlicher Kontakte in der industriellen Welt bildet das Thema der Erzählung. Die Ich-Erzählerin verwaltet private Daten von Kunden, die sich außerstande sehen, sich neben ihren täglichen Verpflichtungen um Gedenktage zu kümmern. Bruchstückhaft beleuchtet sie verschiedene Episoden, die teilweise recht komisch wirken. Ihre eigenen Lebensumstände sind kümmerlich, aber Weinerlichkeit liegt ihr fern. Im Gegensatz zu den jungen Menschen bei Bae Su-Ah zeigt sie durchaus Sensibilität und Humor im Umgang mit den Kunden. Sie empfindet Freude an den kleinen Dingen ihrer Umgebung wie z.B. an einer lila Plastikblume. Trotz ihrer ärmlichen Lebensweise kennt die Ich-Erzählerin kein Selbstmitleid und will auch vom Leser nicht bemitleidet werden. Sie ruht in sich selbst und lebt anspruchslos und bescheiden.

Während die Frauen in der Literatur der 80er Jahre noch als feministische Kämpferinnen oder als Opfer der Männergesellschaft dargestellt wurden, hat sich in den 90er Jahren ein gewisser Wandel vollzogen. Auch hier wird die Situation der Frau nicht als gleichberechtigt dargestellt, aber es geht nicht mehr um ihre Rechte, sondern um den Mangel an Sensibilität der Männer, auf den die Frauen mit Rückbesinnung auf sich selbst, mit Abkapselung und Abschirmung reagieren. Noch heute ist in Korea die Stellung einer Autorin nicht gänzlich unangefochten, denn als Frau hat sie in einer vom konfuzianischen Wertesystem immer noch stark beherrschten Gesellschaft über bestimmte Themenbereiche zu schweigen. Aus diesem Grund publizieren einige Frauen auch heute noch unter einem Pseudonym. Andere setzen sich erfolgreich über die für „normale" Frauen postulierten Denkmuster hinweg. Die in diesem Band vorgestellten Autorinnen und Erzählungen mögen dem deutschsprachigen Leser Einblick in das facettenreiche Umfeld geben, in dem sich das Leben junger Frauen in Korea abspielt.

Heidi Kang und AHN Sohyun

Die Autorinnen

Jon Kyongnin wurde 1962 in der Süd-Kyongsang Provinz geboren. Sie studierte deutsche Sprache und Literatur. Für ihren Roman „Der Mann ohne Bleibe" („Amu kosedo opnun namja") erhielt sie 1997 den Romanpreis des Verlages Munhak Tongne. Die Autorin veröffentlichte zahlreiche Erzählungen, u.a. die Sammlungen „Die Ziegenhirtin" („Yomsorul monun yoja") 1996, „Das letzte Haus am Meer" („Padadga majimak jib") 1998 und 2002 den Roman „Während der braune Zucker schmilzt" („Komun soltang nokun tongan"). Die Titelerzählung des vorliegenden Bandes „Ein ganz einfaches gepunktetes Kleid" („Pyongbomhan mulpangul munui uonpis e gwanhan iyagi") erschien in „Das letzte Haus am Meer" („Padadga majimak jib").

Kong Sonok wurde 1964 in der Süd-Cholla-Provinz geboren. Sie studierte in Kwangju Koreanistik, konnte das Studium jedoch nicht beenden. Ihre erste Erzählung wurde 1991 veröffentlicht. Danach erschienen drei Sammelbände mit Erzählungen, 1994 „Wenn doch die Narzissen blühten!" („Piora susonhwa"), 1998 „Das Alibi meines Lebens" („Nae saengui alibai") und 2002 „Ein schönes Leben" („Motjin han sesang"). Ferner schrieb sie zwei Romane, 1993 „Mein 30. Lebensjahr in Oji" („Ojiri e tugo on sorunsal") und 1996 „Lebensalter" („Sijoldul").
„Die allein stehende Mutter" („Hollo omom") erschien in dem Band „Ein schönes Leben" („Mitjin han sesang").

Un Hikyong wurde 1959 in Kochang in der Provinz Nord-Cholla geboren. In Seoul studierte sie Koreanistik. Anerkennung als Schriftstellerin erlangte sie erstmals 1995 mit dem Nachwuchsförderpreis, der ihr von der Tageszeitung „Dong-A Ilbo" für ihre Erzählung „Das Duett" („Ichungju") verliehen wurde. Seitdem hat sie sechs Erzählbände veröffentlicht, „Gespräch mit dem Fremden" („Tainege mal kolgi")

1997 und „Die Erbschaft" („Sangsok") 1999. Ferner veröffentlichte sie vier Romane:
„Das Geschenk des Vogels" („Sae ui sonmul"),1995
„Der letzte Tanz mit mir" („Majimak chumun naoa hamkke"),1998
„War das ein Traum?" („Kukosun kkumiossulkka"), 1999
„Minor League" („Maino ligu"), 2001
Un Hikyong wurde mit zahlreichen Preisen ausgezeichnet, u.a. mit dem angesehenen Lee-Sang-Literaturpreis.
„Die Schachteln meiner Frau" („Anae ui sangja") stammt aus der Sammlung „Die Erbschaft" („Sangsok").

Ha Songnan wurde 1967 in Seoul geboren und studierte an der Hochschule für kreatives Schreiben. 1996 erhielt sie von der Tageszeitung „Seoul Shinmun" den Nachwuchsförderpreis für die Erzählung „Gräser" („Pul"). Für die in dieser Anthologie veröffentlichte Erzählung „Schimmelblumen" („Kombangi kkot") wurde sie mit dem Tongin-Literaturpreis ausgezeichnet. Sie erhielt ebenfalls den Literaturpreis der Zeitschrift „Segi Munhak" und den Literaturpreis von der Tageszeitung „Hanguk Ilbo" für das Jahr 2000. Des Weiteren erschienen folgende Romane:
„Freuden des Essens" („Siksa ui julgoum"), 1998
„Das Gasthaus in Sapporo" („Saporo yoinsuk"), 2000
„Mein Filmheld" („Nae yonghwa ui juingong"), 2001
„Schimmelblumen" („Kompangi kkot") stammt aus dem Band „Die Frau nebenan" („Yopjib yoja") 2002.

Jo Kyung Ran wurde 1969 in Seoul geboren. Sie studierte an der Hochschule für kreatives Schreiben. 1996 erhielt sie von der Tageszeitung „Dong-A Ilbo" den Nachwuchsförderpreis für die in diesem Band veröffentlichte Erzählung „Das französische Brillengeschäft" („Blanseo ankyungwon"). Ebenfalls 1996 wurde sie vom Verlag Munhak Tongne für den Roman „Backzeit für Toastbrot" („Sikbang gupnun sigan") mit

dem Nachwuchsförderpreis ausgezeichnet. 2002 erhielt sie einen weiteren Literaturpreis für die Erzählung „Die schmale Pforte" („Chopun mun"). 2000 erschien die Sammlung „Mein purpurnes Sofa" („Naui chachubit sopa") und 2002 „Wie kommt der Elefant in mein Schlafzimmer?" („Kokiri-rul chadaseo"). Der Roman „Wir sind uns einmal begegnet" („Uri-nun mannan choki itda") wurde 2001 veröffentlicht. „Das französische Brillengeschäft" („Blanseo ankyungwon") erschien in dem gleichnamigen Prosaband.
Im Pendragon Verlag ist 2003 der Erzählungsband „Wie kommt der Elefant in mein Schlafzimmer?" erschienen.

Kim Kyong-He wurde 1967 in Inchon geboren. Sie studierte im Hauptfach koreanische Geschichte. 1998 erhielt sie den Nachwuchsförderpreis von der Literaturzeitschrift „Munhak Sasang" für ihre Erzählung „Die Schatzsuche" („Bomulson chajaso"). Ihr Roman „Die Mondfrau" („Dalui yoja") erschien im Jahr 2000. Kritische Beachtung fanden auch die beiden 2001 erschienenen Erzählungen „In meinem Grab" („Nae mudom sogero") und „Das Wasserbecken" („Dumu"). Im Jahr 2003 wurde sie von der Zeitschrift „Yosong Dong-Ah" für ihren neuen Roman „Das Haus meiner Seele" („Nae maum ui jib") ausgezeichnet.
„Das kostbare Erbstück" erschien 1999 in der Zeitschrift „Munhak Sasang".

Bae Su-Ah wurde 1965 in Seoul geboren. Sie studierte an der Ehwa-Frauen-Universität Chemie, schlug dann aber eine Karriere als Verwaltungsbeamtin ein. Nach einem einjährigen Studienaufenthalt in Deutschland im Jahr 2001 verließ sie den Staatsdienst. Heute arbeitet sie als freie Schriftstellerin. Zu ihren erfolgreichsten Werken gehören:
„Die Straße mit grünen Äpfeln" („Purun sagwaka innun kukdo"), 1995, Erzählungen
„Windpuppe" („Param inhyong"), 1996, Erzählungen

„Seine erste Liebe" („Ku saramui chot sarang"), 1999, Erzählungen
„Ivana" ("Ivana"), 2002, Roman
„Im Zoo" („Tongmulwon kind"), 2002, Roman
„Ein Rudel schwarzer Wölfe" („Komun nukdae ui muri") entstammt dem Band „Die Straße mit grünen Äpfeln".

Yun Songhi wurde 1973 in Suwon geboren. Sie studierte zunächst Philosophie und besuchte danach die Hochschule für kreatives Schreiben. 1999 wurde sie für die Erzählung „Das Haus aus Legosteinen" („Legoro mandun jib") von der Tageszeitung „Dong-A Ilbo" mit dem Nachwuchsförderpreis ausgezeichnet.
2002 veröffentlichte sie einen Sammelband mit Erzählungen unter demselben Titel, aus dem auch „Gedenktage im Terminkalender" stammt.

Die Veröffentlichung wurde vom
„Korea Literature Translation Institute" (LTI) gefördert.

Unsere Bücher im Internet:
http://www.pendragon.de

Originalausgabe
Veröffentlicht im Pendragon Verlag
Günther Butkus, Bielefeld 2004
© by Pendragon Verlag Bielefeld 2004
Alle Rechte vorbehalten
Lektorat: Kathrin Ackermann, Martine Legrand-Stork
Umschlag: Baltus Mediendesign, Bielefeld
Umschlagfoto: Martin Sasse, Berlin
Satz: Pendragon Verlag auf Macintosh
Gesetzt aus der Adobe Garamond
ISBN 3-934872-57-3
Printed in Germany

Edition Moderne Koreanische Autoren

OH Jung-Hee

Vögel

Roman

Übersetzt von Edeltrud Kim und KIM Sun-Hi, mit einem Nachwort von Edeltrud Kim
128 Seiten, gb, Euro 12,80
ISBN 3-934872-26-3

Oh Jung-Hee wurde 2003 mit dem LiBeraturpreis ausgezeichnet.

OH Jung-Hee wurde 1947 in Seoul geboren. Sie studierte kreatives Schreiben an der Sorabol-Kunsthochschule und veröffentlichte 1968 ihre erste Erzählung „Die Frau im Spielzeugladen". Den größten Teil ihres Werkes machen Erzählungen aus, die bereits ins Französische und Amerikanische übersetzt worden sind. Im Zentrum der Prosa von Oh Jung-Hee stehen zumeist weibliche Protagonisten mit ihren Familien. Heute zählt sie zu den angesehensten koreanischen Autoren. Oh Jung-Hee erhielt zahlreiche Preise, darunter 1979 den renommierten „Yisang Literaturpreis".

Der Roman „Vögel" erzählt eine vom Leser ganz individuell erfahrbare Kindheit, in der die Betroffenen nicht Kind sein dürfen, weil sie in einer Umwelt voll Willkür und Verständnislosigkeit leben. Aber zum Schluss des Romans ist es das Mädchen Uumi, das aufbricht und sich ihrer eigenen, wenn auch ungewissen Zukunft öffnet. In subtiler Sprache und mit großem psychologischen Einfühlungsvermögen entfaltet die Autorin eine Alltagsgeschichte, in der es trotz vieler Schwierigkeiten nicht hoffnungslos bleibt.

EDITION MODERNE KOREANISCHE AUTOREN

Helga Picht/Heidi Kang (Hg.)

Am Ende der Zeit

Moderne koreanische
Erzählungen Band 1

Aus dem Koreanischen
von Picht/Kang u.v.a.
Nachwort von Helga Picht
200 Seiten
Festeinband
Euro 15,40
ISBN 3-929096-84-6

Diese Anthologie moderner koreanischer Erzählungen, soll im Rahmen der „Edition moderne koreanische Autoren", einen Beitrag dazu leisten, dass auch Koreas „beste Schätze, seine Bücher" in Deutschland noch stärker zur Kenntnis genommen werden. Kann doch die koreanische Literatur auf eine mehr als zweitausendjährige Geschichte mündlicher Überlieferung und eine tausendjährige Geschichte schriftlich festgehaltenen literarischen Schaffens zurückblicken. Zudem beweisen uns die vorliegenden Übersetzungen und Sammlungen koreanischer Literatur eine hohe Qualität geistiger Auseinandersetzung nicht nur mit koreanischen, sondern auch allgemeinmenschlichen Problemen. Im heutigen Südkorea sind alte und moderne Belletristik von einer Popularität, um die sie die gesamte deutsche Literaturwelt nur beneiden kann. Eine weitere Besonderheit der koreanischen Gegenwartsliteratur besteht darin, dass weibliche Autoren eine herausragende Rolle spielen. Mit Beiträgen von Pak Wanso, Choe Inhun, Ho Kunuk, Hyon Kiyong, Sin Kyongsuk, Im Choru und Oh Jung-Hee.

EDITION MODERNE KOREANISCHE AUTOREN

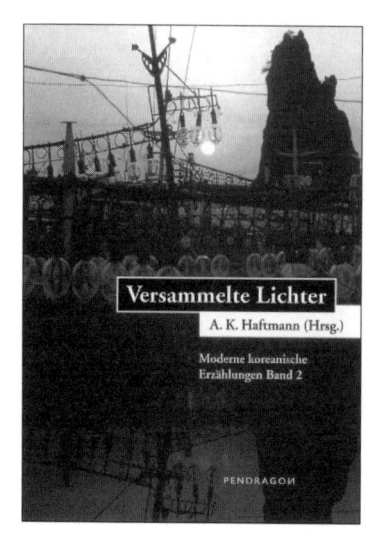

A.K. Haftmann (Hg.)

Versammelte Lichter

Moderne koreanische
Erzählungen Band 2

Mit einem Nachwort
von Dorothea Hoppmann
208 Seiten
Festeinband
Euro 15,40
SFr 33,50
ISBN 3-934872-34-4

Literatur spielt im Leben der Koreaner eine wichtige Rolle. Die großen Buchhandlungen in Seoul sind überaus beliebte Treffpunkte, den ganzen Tag überfüllt mit Menschen, die Bücher lesen und kaufen. Kaum einer fährt mit der U-Bahn, ohne ein Buch dabei zu haben. Bekannte Schriftsteller sind populär wie Fernsehstars, unter ihnen viele Autorinnen, die in der koreanischen Nachkriegsliteratur eine herausragende Rolle spielen.
„Versammelte Lichter" – diese neun Kurzgeschichten zeigen uns ein Korea jenseits von Samsung und Hyundai und der noch bestehenden Teilung des Landes. Und so wie Korea heute ein Land ist, in dem Tradition und Moderne ganz eng nebeneinander liegen, so mischt sich auch immer wieder das alte Korea und das typisch Koreanische ein, dessen Eigentümlichkeiten unser Interesse wecken und dessen Stimmungen uns auch dann noch lange erfüllen, wenn wir diesen Band schon längst aus der Hand gelegt haben.
Mit Erzählungen von Jo Kyung Ran, Sin Kyongsuk, Ch'oe Yun, Song Yong, Lim Chul-Woo, Hwang Sunwon, Oh Jung-Hee und Cho Sehui.